Das Recht

des

Bürgerlichen Gesetzbuchs

in

Einzeldarstellungen.

IV.

Schollmeyer, Das Recht der einzelnen Schuldverhältnisse.

Berlin SW.48
Wilhelmstraße 119/120.
J. Guttentag, Verlagsbuchhandlung
1897.

Das Recht der einzelnen Schuldverhältnisse im Bürgerlichen Gesetzbuche für das Deutsche Reich.

Eine Darstellung und Erläuterung der Hauptbestimmungen

von

Dr. Friedrich Schollmeyer,

Geh. Justizrath, ordentl. Professor an der Universität Würzburg.

Berlin SW.48
Wilhelmstraße 119/120.
J. Guttentag, Verlagsbuchhandlung.
1897.

Vorwort.

Den Ausgangspunkt der vorliegenden Arbeit bildet ein Vortrag, welchen ich am 18. April 1896 in der Juristischen Gesellschaft zu Berlin über das Recht der einzelnen Schuldverhältnisse nach der Regierungsvorlage eines B.G.Bs. gehalten habe und für den Druck bestimmt hatte. Bei der Schnelligkeit, mit welcher die Verabschiedung des Gesetzes erfolgte, hatte die Veröffentlichung dieses Vortrages kein Interesse mehr und da habe ich mich auf Wunsch des Herrn Verlegers entschlossen, unter Zugrundelegung des Gesetzes eine Umarbeitung und Erweiterung vorzunehmen.

In dieser neuen Gestalt erscheint die Arbeit jetzt also im Druck. Immerhin habe ich aber geglaubt, die im Vortrag geübte Kritik nicht ganz verschwinden lassen zu sollen. Doch ist sie mehr in den Hintergrund getreten.

Eine vollständige und allseitig erschöpfende Darstellung des speziellen Theils des Obligationenrechts soll auch diese Arbeit nicht geben. Es konnten nur die wichtigeren Obligationen eingehend behandelt werden, minder wichtige mußte ich mich begnügen, zu streifen.

Würzburg, Februar 1897.

F. Schollmeyer.

Das

Recht der einzelnen Schuldverhältnisse

im Bürgerlichen Gesetzbuch für das Deutsche Reich.

§ 1.

Vorbemerkungen.

Ich beginne mit dem System des Gesetzes, obwohl jedes System mehr oder weniger Geschmacksache ist. Von dem in den Lehrbüchern uns gewöhnlich entgegen tretenden System finden wir keine Spur. Selbst die im I. Entwurf im Wesentlichen noch beibehalten gewesene Dreitheilung des Gajus in obligationes ex contractu, ex delicto, ex variis causarum figuris ist beseitigt. Denn zwischen den Auftrag und den Verwahrungsvertrag ist die Geschäftsführung ohne Auftrag, zwischen die Gesellschaft und den Leibrentenvertrag ist die Gemeinschaft (communio incidens) eingeschoben und die obligationes quasi ex delicto sind ganz verschwunden. Denn die §§ 729—733 des I. E., welche Vorschriften über die actio de effusis et deiectis und die actio de posito et suspenso enthielten, sind gestrichen. Da schon nach dem I. E. die Haftungsvorschrift für den Bewohner oder sonstigen Inhaber des Raumes, von welchem aus der Wurf oder Guß erfolgte, oder des Gebäudes, von welchem die Sache wegen mangelhafter Befestigung herabfiel, zu einer bloßen Beweisvorschrift abgeschwächt war, indem der Bewohner 2c. den Beweis frei haben sollte, daß er nach den Vorschriften über unerlaubte Handlungen nicht verantwortlich sei, so ist es nur zu billigen, wenn nach dem Gesetz der Bewohner oder sonstige Inhaber nur dann haften soll, falls ihm die Begehung einer unerlaubten Handlung nachgewiesen werden kann.

Weiter fällt auf, daß die Realkontrakte promiscue zwischen den Konsensualverträgen stehen. Aber der Schluß wäre voreilig, daß also die Unterscheidung zwischen Konsensual- und Realverträgen, der weit verbreiteten neueren Doktrin entsprechend, aufgegeben sei. Die Motive zum I. E. (S. 305 ff.) heben es ausdrücklich hervor, daß durch die Fassung des § 453 Abs. 1 die Beibehaltung der Realkontraktsnatur des Darlehens gekennzeichnet werden soll und im § 600 des Gesetzes ist diese Fassung unverändert beibehalten.

Dagegen sind die preußischrechtlichen Kategorien der gewagten Geschäfte und der Verträge über Handlungen aufgegeben. Denn es wird mit Recht verschmäht, für jede Kategorie allgemeine Vorschriften aufzustellen, wie es das preußische ALR. that.

Weiter sind einzelne Verträge der Landesgesetzgebung überlassen. So der Versicherungs- und Verlagsvertrag (Art. 75 u. 76 Einf.-Ges.), so die mit der Ueberlassung eines Grundstücks in Verbindung stehenden Leibgedings-, Leibzuchts-, Altentheils- und Auszugsverträge (Art. 96 Einf.-Ges.), so im Wesentlichen der Gesindevertrag (Art. 95 Einf.-Ges.).

Und auch da, wo das Gesetz sich einer Regelung unterzieht, wie beim Dienst- und beim Werkvertrag, beim Mäklervertrag und der Gemeinschaft, sowie bei den Schuldverschreibungen auf den Inhaber und den unerlaubten Handlungen sind reichs- und landesgesetzliche Vorschriften in mehr oder minder großem Umfang aufrecht erhalten.[1])

Endlich sind andere Klagen und Verträge vom Gesetz gänzlich beseitigt. Von Ersteren die condictio furtiva und die actio de in rem verso.

Ich bin darüber nicht traurig. Denn die condictio furtiva war insofern eine Anomalie, als sie auch dem Eigenthümer zustand, ihre Voraussetzung also nicht Eigenthumsverlust war. Mit der Beseitigung der actio de in rem verso aber ist eine Unsumme von Kontroversen zu Grabe getragen und eine große Vereinfachung der Rechtslage herbeigeführt, und zwar, wie ich glaube, ohne Beeinträchtigung berechtigter Interessen. Nach dem preußischen Recht, welches die Klage auch dann gewährt, wenn ohne eine Mittelsperson direkt aus dem Vermögen des Vertreters eine Bereicherung des Vermögens des Versionsbeklagten statt fand, gehen die Gebiete der Verwendungs- und der Bereicherungsklage sowieso in einander über. Das gemeine Recht hält ja allerdings am Erforderniß der Mittelsperson fest, läßt aber darüber ungewiß, ob die actio de in rem verso offene negotiorum gestio der Mittelsperson verlangt, oder ob stille negotiorum gestio genügt, oder ob sogar die Verwendungsklage auf den Fall der stillen negotiorum gestio beschränkt sei. Bei offener negotiorum gestio ist jedenfalls kein Bedürfniß, dem Gegencontrahenten des negot. gestor eine Verwendungsklage gegen den dominus negotii

---

1) S. die Nachweisung bei Achilles, Textausgabe des BGB. mit Bemerkungen zu den §§ 611, 705, 793 u. 823.

zu geben. Denn wenn der dominus genehmigt, so haftet er dem Dritten direkt mit der Vertragsklage auf die bedungene Gegenleistung. Genehmigt aber der dominus nicht und wird er gleichwohl durch die Handlung des offenen unbeauftragten Stellvertreters bereichert, so hat der Dritte die gewöhnliche Bereicherungsklage gegen den Vertretenen. Denn nunmehr hat der Vertretene, da das auf seinen Namen abgeschlossene Geschäft in Folge der Versagung seiner Genehmigung nicht verbindlich ist, das durch das Geschäft Erhaltene ohne Grund.

Schließt andererseits der negotiorum gestor das Geschäft mit dem Dritten auf eigenen Namen ab, so cessirt hier allerdings die Bereicherungsklage des Dritten. Denn dieses Geschäft ist vollständig gültig und das Vermögen des Dritten jedenfalls nicht ohne rechtfertigenden Grund vermindert. Auch hat ja der Dritte die Vertragsklage auf die ausbedungene Gegenleistung gegen den stillen negotiorum gestor. Diese Vertragsklage kann werthlos sein, wenn der stille negotiorum gestor zahlungsunfähig ist. Aber ich bestreite, daß es auch nur ein Gebot der Billigkeit ist, dem Dritten gegen den dominus negotii in diesem Falle die Versionsklage zu gewähren. Denn das ist die Gefahr, die Jedermann bei einem Nichtbaargeschäft droht, daß er seine guten Sachen hingiebt und dafür eine schlechte Forderung erhält. Und auch der Umstand, daß der stille negotiorum gestor durchblicken ließ, das Geschäft gehe den dominus negotii an, kann mich nicht zu einer anderen Beurtheilung der Sachlage bestimmmen. Der Dritte wird eben in solchem Falle auf den Wink des gestor kein Gewicht legen dürfen und sich darüber schlüssig machen müssen, ob er dem stillen negotiorum gestor Kredit gewähren will oder nicht. Auch dem Vorschlage von Thurs,[1]) die dem negot. gestor gegen den dominus negotii zustehenden Regreßansprüche aus dem etwaigen Konkurs des negotiorum gestor zu Gunsten des dritten Kontrahenten auszusondern, kann ich nicht zustimmen, weil diese Aussonderung doch nur auf Kosten der übrigen Konkursgläubiger des negot. gestor geschehen könnte und zu einer derartigen Begünstigung des dritten Kontrahenten kein genügender Grund vorhanden zu sein scheint.

Von den Verträgen sind beseitigt der landrechtliche Verwaltungsvertrag, der ein aus Auftrag, depositum und Vertrag über

---

[1]) Actio de in rem verso. Freiburg i. B. 1895, S. 333 ff.

Handlungen gemischtes Geschäft ist, der Lieferungsvertrag, dieses preußischrechtliche Zwitterding zwischen Kauf und Vertrag über Handlungen, endlich der Trödelvertrag. In der That lassen sich die Zwecke dieser Verträge durch Abschließung von Verträgen anderer Art (Auftrags- oder Dienstvertrag, Kauf, Werkvertrag, ja selbst Gesellschaftsvertrag) erreichen. Auch die Vorschriften über den Verpfändungsvertrag (§§ 681 u. 682 Entw. I.) sind als entbehrlich gestrichen.

Manchen geht das Gesetz in der Abschaffung einzelner Vertragsarten nicht weit genug. So hat man den Wunsch ausgesprochen, auch den Gastaufnahmevertrag zu den Todten geworfen zu sehen.[1]) Denn es enspreche nicht den thatsächlichen Verhältnissen, von einem besonderen Gastaufnahmevertrag zu reden, weil es sich dabei doch immer um Zimmermiethe handle und es genüge, die die Haftpflicht der Gastwirthe erschwerenden Vorschriften unter die „allgemeinen Vorschriften über Steigerung der ursprünglichen Verpflichtungen durch Schuld oder Zufall“ zu setzen. Allein einmal ist es nicht richtig, daß stets, wenn ein Gastwirth einen Fremden innerhalb seines Gewerbebetriebes zur Beherbergung aufgenommen hat, ein Miethsvertrag vorliegt. Er kann ihn auch im Speisesaal auf einem Lehnstuhl die Nacht zubringen lassen und ihm nur Speisen und Getränke berechnen. Und ferner erschöpfen sich nach der schließlichen Regelung im Gesetz die Besonderheiten des Gastaufnahmeverhältnisses gar nicht in der gesteigerten Haftpflicht der Gastwirthe, da für den Gast eine besondere Anzeigepflicht bezüglich der erlittenen Verluste und Beschädigungen bei Effekten, unverzüglich nach erlangter Kenntniß zu erfüllen, durch das Gesetz eingeführt ist (§ 703) und andererseits der Gastwirth, welcher einen Reisenden aufnahm, gesetzlich gezwungen ist, auf Verlangen desselben die Aufbewahrung seiner Werthsachen zu übernehmen. Denn er haftet trotz Ablehnung der Aufbewahrung für den etwa eintretenden Schaden (§ 702). Ich halte also die Beibehaltung des Gastaufnahmevertrages für zutreffend, bin aber andererseits ebenso damit einverstanden, daß die strengere Haftpflicht der stabularii beseitigt ist.

Andere Obligationen regelt das Gesetz wieder nur in den äußersten Umrissen. So das Darlehen in vier Paragraphen und den Leibrentenvertrag, bei welchem einige Bestimmungen über Dauer

---

[1]) Leonhard: Der Entw. eines bürgerl. Gesetzbuchs für das deutsche Reich. Marburg 1891 S. 77.

und Zahlung der Rente, sowie die Form des Vertragsabschlusses aufgenommen sind (§§ 759—761). Spiel — auch die Differenzgeschäfte gehören dazu — und Wette sind in ihren Wirkungen gleichgestellt. Sie erzeugen keine klagbare oder durch Schuldanerkenntniß verstärkbare Obligation, gewähren aber soluti retentio (§ 762), während der staatlich genehmigte Lotterie- und der Ausspielvertrag gültig sind (§ 763). Für die abstrakten Verträge des Schuldversprechens und Schuldanerkenntnisses ist Schriftform erforderlich (§§ 780 u. 781) und der Vergleich ist unwirksam, wenn er in Irrthum über die bei seiner Eingehung als feststehend vorausgesetzten Thatsachen abgeschlossen wurde (§ 779). Die actio ad exhibendum aber ist in drei Paragraphen geregelt, wobei nur zu bemerken ist, daß der Anspruch auf Vorlegung und Einsichtnahme einer Urkunde im Anschluß an die prozessualische Editionspflicht Dritter gestaltet ist (§§ 809—811).

Uebrigens ist es ein allgemein festgehaltener und gewiß zu billigender Grundsatz des Gesetzes, daß nirgends eine formelle Definition der einzelnen Obligation gegeben wird. Auch treten, namentlich gegenüber dem gemeinen Recht, zwei neue Gesichtspunkte hervor, die Aufstellung besonderer Vorschriften für Verträge über Grundstücke und das Bestreben, dem wirthschaftlich Schwächeren zu Hülfe zu kommen. In Ländern mit Grundbuchgesetzgebung ist man ja schon längst gewohnt, von einem Immobiliarsachenrecht zu reden. Das Gesetz enthält, im Anschluß namentlich an das preußische ALR., die Anfänge zu einem Immobiliarobligationenrecht, indem bei Grundstücksmiethe und Pacht und der Gewährleistung eine Reihe besonderer Vorschriften aufgestellt ist.

Soziale Gesichtspunkte aber treten namentlich bei der Wohnungs- und Dienstmiethe hervor. So hat der Miether einer Wohnung oder eines anderen zum Aufenthalt von Menschen bestimmten Raumes (§ 544), z. B. eines Arbeitsraumes, das unverzichtbare Recht, den Miethsvertrag wegen erheblicher Gesundheitsgefährlichkeit der gemietheten Räume zu kündigen. So macht sich der Miether von Diensten schadensersatzpflichtig, wenn er die von ihm etwa zu beschaffenden, zur Dienstvornahme erforderlichen Räume, Geräthschaften u. s. w. nicht so einrichtet, daß Gefahr für Leben und Gesundheit des Arbeiters möglichst vermieden wird (§ 618). Weiter hat der Dienstherr den auf Grund dauernden und die Erwerbsthätigkeit des Verpflichteten hauptsächlich in Anspruch nehmenden Dienstverhältnisses in die häusliche Gemeinschaft aufgenommenen, aber ohne eigene grobe

Fahrlässigkeit erkrankten Dienstpflichtigen die erforderliche Verpflegung und ärztliche Behandlung bis zur Dauer von 6 Wochen zu gewähren, wobei er allerdings berechtigt ist, die entstandenen Kosten auf die für die Zeit der Erkrankung geschuldete Vergütung anzurechnen (§ 617). Ursächlicher Zusammenhang zwischen der Dienstleistung und der Erkrankung ist nicht erforderlich. Die Verpflegungspflicht cessirt, soweit durch eine Versicherung oder durch eine Einrichtung der öffentlichen Krankenpflege bereits vorgesorgt ist. Auch die Beschränkung des dem Grundstücksvermiether gegen den Miether nach § 559 zustehenden gesetzlichen Pfandrechtes an den invecta und illata auf die dem Miether gehörigen und der Pfändung unterworfenen Sachen für Miethszins- und Entschädigungsforderungen aus dem laufenden und dem folgenden Miethsjahr gehört hierher, sowie das den Bauhandwerkern für ihre Handwerksforderungen zustehende Recht auf Eintragung einer Sicherheitshypothek auf dem Baugrundstück des Spekulanten (§ 648). Endlich ist auch die Einführung eines Kündigungsrechtes des Dienstpflichtigen nach Ablauf von 5 Jahren seit Eingehung desD ienstverhältnisses bei allen Dienstverträgen von längerer als 5jähriger Dauer auf das Bestreben, weiße Sklaverei zu vermeiden, zurückzuführen (§ 624).

Nachdem ich diese Bemerkungen gewissermaßen als allgemeinen Theil des speziellen Theiles des Obligationsrechtes und zu dessen Entlastung vorausgeschickt habe, gehe ich auf die wesentlichsten Einzelobligationen näher ein. Es empfiehlt sich aber dabei m. E., nicht einfach der Legalordnung zu folgen, sondern die Obligationen möglichst in Gruppen vorzuführen.

Innerhalb der Vertragsobligationen unterscheide ich dabei die Veräußerungsverträge von den Gebrauchsüberlassungs- und Sicherungsverträgen. Dazu tritt als einziger, auf Verschaffung gemeinsamer Vermögensrechte der Kontrahenten gerichteter Vertrag der Gesellschaftsvertrag. Diesen Vertragsobligationen treten die außerkontraktlichen Verbindlichkeiten aus einseitigen Versprechen, ungerechtfertigter Bereicheruug und negotiorum gestio, sowie die Obligationen auf Schadensersatz gegenüber.

Die familienrechtlichen und erbrechtlichen Obligationen (Alimentations-, Ausstattungs-, Beerdigungspflicht, die aus der Vormundschaft sich ergebenden Pflichten, die Verbindlichkeiten der Miterben unter einander 2c. ebenso der Erbschaftskauf bleiben fort, weil sie das Gesetz mit Recht ins Familien- und Erbrecht verweist.

I. Die Vertragsobligationen.

A. Die Veräußerungsverträge.

Es sind diejenigen Verträge, durch welche sich der eine Kontrahent zur Aufgabe eines Vermögensbestandtheiles und zu seiner Uebertragung auf einen Andern verpflichtet. Als solche kommen, da der Tausch durchweg den Regeln des Kaufes folgt (§ 515), nur der Kauf und die Schenkung in Betracht. Denn der Darlehensvertrag ist kein Veräußerungsvertrag sondern commodatum irregulare.

§ 2. Der Kauf.

In der Lehre vom Kauf konstatire ich zunächst mit Genugthuung den Brauch des Gesetzes mit der romanistischen und seinen Anschluß an die germanistische Auffassung, der sich in den beiden Sätzen verkörpert, daß der Verkäufer außer zur Besitzübergabe auch zum Verschaffen des Eigenthums an der Kaufsache und beim Kauf von Rechten, z. B. einer Forderung, zur Verschaffung des Rechts (§ 437) verpflichtet ist und daß die Gefahr nicht schon mit dem Vertragsabschluß, sondern erst mit der Uebergabe und bei Grundstücken mit der Eigenthumseintragung, falls diese der Uebergabe vorausgehen sollte, auf den Käufer übergeht.

1. Was zunächst den Gefahrübergang anbelangt, so kann ich allerdings meine Zustimmung zu der vom Gesetz beliebten Normirung nur mit Einschränkungen erklären. Ich sehe nämlich nicht ein, weshalb bei Grundstücken nicht unter allen Umständen erst mit der Eintragung die Gefahr auf den Käufer übergehen soll, weshalb die Eintragung nur den spätesten Moment für den Uebergang der Gefahr bilden soll. Der natürliche Satz: casum sentit dominus verlangt, daß mit dem Eigenthum die Gefahr übergeht. Der Eigenthumsübergang wird aber bei beweglichen Sachen durch die Tradition, bei unbeweglichen durch die Eintragung vermittelt. Allerdings hat ja nun die bisherige Rechtsprechung des Reichsgerichts angenommen, daß nach preußischem Rechte auch bei Grundstückskäufen die Gefahr mit der Uebergabe übergehe.[1]) Aber das Reichsgericht konnte sich dabei auch auf die positive Bestimmung des Landrechts (§§ 95 und 100 I. 11) stützen, daß bei Käufen von beweglichen und unbeweglichen Sachen die Gefahr mit der Uebergabe übergehen solle. Ob es nun nöthig war, die gleiche

[1]) RGE. Bd. 7, 241; und bei Gruchot Bd. 23, 916.

positive Vorschrift — allerdings mit der vorher erwähnten Modifikation — in das Gesetz aufzunehmen, ist mir doch zweifelhaft. Die Motive geben dafür nur die rechtsgeschichtliche Entwicklung an (S. 324) und ich muß leider bekennen, daß eine Entwicklung im Sinne der von dem Gesetz getroffenen Bestimmungen mir nicht bekannt ist. In der Denkschrift S. 60 und 61 wird zur Motivirung hervorgehoben, daß dem Verkäufer nach der Uebergabe die Möglichkeit zur Ueberwachung des Grundstücks fehle. Das ist richtig. Aber ebenso hat der Erwerber mit der Eintragung als Eigenthümer noch nicht die Möglichkeit der Ueberwachung, und soll doch die Gefahr tragen. Die Denkschrift meint, es sei Sache des Käufers, den Eigenthumserwerb abzulehnen, so lange ihm nicht die Möglichkeit einer Ueberwachung gewährt wird. Aber das heißt doch, vom Käufer eine spartanische Selbstverläugnung verlangen! Ihm liegt doch vor Allem an der Erlangung des Eigenthums, weil nach Grundbuchrecht der Verkäufer als eingetragener Eigenthümer noch dispositionsberechtigt vor dem Grundbuchrichter ist. Und da soll nun der Käufer ausrufen: aut Caesar aut nihil! Damit fällt er aus der Scylla in die Charybdis. Er vermeidet mit der Ablehnung des Eigenthumserwerbs zwar die Gefahr, riskirt aber den Eigenthumserwerb. Richtiger aber dürfte der umgekehrte Standpunkt sein, nach welchem der Verkäufer trotz Uebergabe noch bis zur Eintragung des Erwerbers die Gefahr zu tragen hat. Denn da er nach dem Kaufvertrag Besitz und Eigenthum dem Käufer zu verschaffen hat, so ist es seine Sache, nicht eher zu übergeben, als bis er zur Verschaffung des Eigenthums im Stande ist. Und thut er dies gleichwohl, so wird die Pflicht zur Tragung der Gefahr bis zum Eigenthumsübergang für ihn der kräftigste Anreiz sein, seinerseits Alles zu beseitigen, was der Eintragung des Erwerbers im Weg steht, damit er die Gefahr los werde. Mit dieser Regelung würde das Gesetz auch den Prinzipien des Grundbuchrechts gedient haben, nach denen Alles aufgeboten werden muß, um Differenzen zwischen der materiellen Rechtslage und dem Buchinhalt zu vermeiden. Eine solche Differenz liegt aber vor, wenn der Verkäufer trotz des Vertragsabschlusses und der Uebergabe noch lange im Buch als Eigenthümer steht. Es ist doch in der That eine Singularität, daß bereits die minderwerthigere Erfüllungshandlung auf den Käufer die Gefahr übertragen soll.

Schließlich aber dient die Bestimmung des Gesetzes auch dem unlautern Verkehr mit Grundstücken. Denn der Verkäufer kann mehrfach verkaufen und übergiebt vielleicht dem 1. Käufer. Jetzt trägt er nicht mehr die Gefahr. Darauf verkauft er an einen 2. und läßt auf. Am Tag nach der Eintragung verschwindet das Grundstück durch Naturgewalt vom Erdboden. Hier kann der Verkäufer doppelte Zahlung des Kaufpreises verlangen. Denn jeder der beiden Käufer trug die Gefahr.

Die Transportgefahr geht übrigens bei Versendung der Waare auf Verlangen des Käufers durch den Verkäufer nach einem andern Ort als dem Erfüllungsort schon vor der Uebergabe, nämlich mit der Ablieferung der Waare an den Transporteur, auf den Käufer über.[1])

2. Die Verpflichtung des Verkäufers zur Gewährung von Eigenthum an den Käufer würde an sich bewirken, daß der Käufer trotz erlangter Uebergabe der Sache den Kaufpreis so lange zurückhalten kann, bis ihm der Verkäufer den vollständigen Eigenthumsbeweis führte. Denn der Käufer braucht nur Zug um Zug zu erfüllen, er kann also verlangen, daß der Käufer ihm Uebergabe und Eigenthum verschafft (§§ 433 und 434) und zwar frei von Rechten, die von Dritten gegen den Verkäufer geltend gemacht werden können, einerlei, ob diese Rechte dinglicher oder persönlicher Natur sind (z. B. § 571), ob sie weiter den Dritten zum Besitz berechtigen oder nicht (z. B Grunddienstbarkeiten). Um nun etwaiger Chikane des Käufers einen wirksamen Riegel vorzuschieben, bestimmt das Gesetz (§ 441 und 442) wie ich glaube glücklich, daß der das Kaufgeld wegen Nichterfüllung der Verpflichtungen des Verkaufes retinirende Käufer seinerseits den Mangel des Rechts des Verkäufers (fehlendes Eigenthum, vorhandene Rechte Dritter) beweisen müsse. Aber die Tragweite des Satzes, daß der Verkäufer Eigenthum an der Kaufsache verschaffen muß, reicht weiter. Zwar ist der Verkauf einer fremden Sache keineswegs ungültig.[2]) Wohl aber beeinflußt der Satz die Gestaltung der Eviktionsleistungspflicht.

Der I. Entwurf hatte dies absichtlich ignorirt und hielt an dem römischrechtlichen Standpunkt fest, daß die Entwehrung erst eingetreten sein müsse, bevor Ansprüche wegen Mängel im Rechte des Verkäufers vom Käufer erhoben werden könnten. Gründe der

---

[1]) Nach § 128 ff. I. 11 des ALR. geht mit diesem Zeitpunkt auch das Eigenthum über.

[2]) Vergl. § 19 I. 11 des ALR. und Dernburg, preuß. Privatrecht II § 134 Nr. 3.

Praktikabilität und eine gewisse Billigkeitsrücksicht gegen den Verkäufer sollten für den Anschluß ans römische Recht sprechen. Namentlich sei es, so lange die Entwehrung noch nicht eingetreten sei, schwer, eine geeignete Grundlage für die Berechnung des Interesse zu finden. Zum Glück für den Käufer ist diese Billigkeitsrücksicht grundsätzlich fallen gelassen und nur beim Kauf beweglicher Sachen ist das alte Entwehrungsrecht festgehalten.[1])

Vielmehr hat der Käufer von Grundstücken oder Rechten die Befugniß, gegen den Verkäufer vorzugehen, sobald er nur erfahren hat, daß der Verkäufer nicht Eigenthümer oder Verfügungsberechtigter des Kaufgegenstandes ist.[2]) Diese Kenntniß vom Mangel im Rechte des Verkäufers muß bei Grundstücken, falls der Verkäufer im Grundbuch als Eigenthümer eingetragen ist, zwischen Kaufabschluß und Auflassung der Kaufsache eintreten. Denn war sie schon beim Kaufabschluß vorhanden, so ist der Verkäufer mit wenigen Ausnahmen[3]) von der Haftung frei (§ 439). Tritt sie aber erst nach der Auflassung der unbeweglichen Sache ein, so hat der Käufer kraft seines guten Glaubens trotz des fehlenden Eigenthums des Verkäufers Eigenthum erlangt (§§ 891—892 BGB.). Die Rechte nun, welche das Gesetz dem Käufer bei Nichtgewährung von Eigenthum am Grundstück oder sonstigem Recht oder beim Vorhandensein von auch gegen den Käufer geltend zu machenden Rechten Dritter Personen an der Kaufsache gewährt, sind nicht so leicht zu bestimmen.

Das Gesetz verweist im § 440 Abs. 1 auf die allgemeinen Vorschriften über gegenseitige Verträge (§§ 320—327). Nach ihnen sollen sich die Rechte des Käufers bestimmen, wenn der Verkäufer die ihm obliegenden Pflichten nicht erfüllt. Demgemäß wären diese Rechte verschieden, jenachdem verschuldete oder unverschuldete Unmöglichkeit rechtzeitiger Erfüllung oder der Erfüllung überhaupt vorläge. Indessen damit wäre schwerlich die Auffassung des Gesetzes getroffen, welches den Verkäufer unbedingt verpflichtet, für Mängel im Recht einzustehen, einerlei, ob ihn ein Verschulden trifft oder nicht. Es erscheint deshalb gerechtfertigt, den Verkäufer, welcher Eigenthum überhaupt nicht oder wenigstens nicht rechtzeitig verschaffen kann, in

[1]) § 440 Abs. 2—4.

[2]) Vergl. jedoch § 440 Abs. 2.

[3]) Hypotheken, Grundschulden, Renten, Pfandrechte, welche auf der Kaufsache ruhen, oder Vermerkungen zur Sicherung von Ansprüchen auf Bestellung dieser Rechte (§ 439 Abs. 2).

gleicher Weise haften zu lassen, als ob er an der Unmöglichkeit oder Verspätung der Erfüllung schuld wäre. Darnach ist so viel zweifellos, daß der Käufer das Kaufgeld bis zur Verschaffung freien Eigenthums zurückbehalten darf. Außerdem kann er aber auch auf Verschaffung des Eigenthums klagen. Aber er kommt mit dieser Klage nicht weit. Denn wenn auch der Beklagte zur Leistung des Eigenthums oder Beseitigung des dem Dritten zustehenden Rechtes verurtheilt werden sollte, so findet doch keine Zwangsvollstreckung aus dem Urtheil statt, da es sich um eine nicht fungible und auch gar nicht ausschließlich vom Willen des Schuldners abhängige Handlung dreht.[1]) Der Käufer müßte also, um einen nennenswerthen Erfolg zu erzielen, mit der Klage auf Leistung des Eigenthums die Klage auf Leistung des Erfüllungsinteresses verbinden. Aber auch dies ist in Folge der eigenthümlichen Gestaltung des Verhältnisses zwischen Erfüllungsanspruch und Anspruch auf Schadensersatz wegen Nichterfüllung mit Umwegen verknüpft. Ipso jure bestehen nämlich beide Ansprüche gar nicht neben einander. Ist die Leistung des Eigenthums unmöglich, so besteht nur der Anspruch auf Schadensersatz wegen Nichterfüllung, oder das Recht zur Minderung der Gegenleistung oder das Rücktrittsrecht vom Vertrag (§ 325). Ist aber die Gewährung freien Eigenthums verspätet, so besteht zunächst nur der Anspruch auf Erfüllung und auf Schadensersatz wegen verspäteter Erfüllung. Der Anspruch auf Schadensersatz wegen Nichterfüllung setzt nach dem Gesetz § 326 außer der Verspätung auch Fristbestimmung zur Nachholung der Leistung mit der Erklärung des Käufers voraus, daß er nach dem Ablauf der Frist die Annahme der Leistung ablehne. Und erst nach fruchtlosem Ablauf der Frist ist der Käufer berechtigt, Schadensersatz zu verlangen und der Anspruch auf Erfüllung ist ausgeschlossen. In Folge dieser Bestimmungen scheint in Zukunft der Käufer, welchem das Eigenthum an der Kaufsache nicht verschafft wurde, vor die Wahl gestellt, entweder zu warten, bis es ihm der Verkäufer verschafft, oder aber auf die Gewährung des Eigenthums zu verzichten und entweder Schadensersatz wegen Nichterfüllung zu verlangen oder vom Vertrage zurückzutreten.

Indessen ganz so weit braucht man in der Beschränkung der Rechte des Käufers m. E. doch nicht zu gehen. Man muß

---

[1]) § 774 der CPO. und Entsch. des OLG. Jena bei Busch, Zeitschrift für deutschen Civilprozeß Bd. VII, 114.

sich nur vergegenwärtigen, daß die Forderung des Käufers auf Schadensersatz wegen Nichterfüllung nach dem Gesetz eine suspensiv bedingte ist, abhängig von dem Eintritt zweier Thatsachen: dem Setzen der Frist und ihrem fruchtlosen Ablauf. Durch die weitere Gesetzesbestimmung aber, daß nach Eintritt dieser Thatsachen der Anspruch auf Erfüllung, also auf Verschaffung des Eigenthums ausgeschlossen ist, wird der Anspruch auf Eigenthumsverschaffung ebenfalls zu einem bedingten. Und zwar ist er resolutiv bedingt. Darüber nun, daß resolutiv bedingte Ansprüche sofort eingeklagt werden können, besteht kein Zweifel. Aber auch bei suspensiv bedingten Ansprüchen ist der richtigen Meinung nach die Klage zuzulassen, wenn zur Zeit der Klageanstellung die Bedingung noch nicht eingetreten ist und die Verurtheilung hat zu erfolgen, wenn die Bedingung nur zur Zeit der Urtheilsfällung bereits eingetreten war.[1])

Danach wird die Verbindung der Klage auf Eigenthumsverschaffung mit derjenigen auf Schadensersatz wegen Nichterfüllung allerdings möglich sein. Nur muß der Käufer dafür sorgen, daß die von ihm dem Verkäufer zu stellende Frist dann, wenn die Sache zum Urtheil reif ist, bereits abgelaufen ist. Ist dies der Fall und hat der Beklagte das Eigenthum nicht verschafft, so wird Kläger zwar mit seinem Anspruch auf Eigenthumsverschaffung abgewiesen; denn nach Eintritt der Resolutivbedingung hat er keinen solchen mehr. Dagegen wird der Beklagte zum Schadensersatz wegen Nichterfüllung verurtheilt. Ist aber umgekehrt die Frist zur Zeit der Urtheilsfällung noch nicht abgelaufen, so wird jetzt zwar der Beklagte zur Eigenthumsverschaffung verurtheilt, jedoch der Kläger mit der Interesseforderung zur Zeit abgewiesen.

Den Bedürfnissen des Käufers ist auch mit dieser Regelung nicht genügend gedient. Sein Interesse verlangt gebieterisch die Möglichkeit, eine Verurtheilung des Verkäufers dahin erzielen zu können, das Eigenthum zu verschaffen oder Schadensersatz wegen Nichterfüllung zu leisten. Gelingt dies, so hat es der Kläger in der Hand, ob er sofort Exekution bezüglich seiner Interesseforderung beantragen, oder die Verschaffung des Eigenthums abwarten will. Dies Resultat ist aber nach dem BGB. nicht möglich und einen einigermaßen erträg-

---

1) Bayer: Vorträge über den deutschen gemeinen ordentlichen Civilprozeß 9. Auflage, Bd. I, S. 540. RG. VIII, 415. Förster in Buschs Zeitschrift Bd. VIII, S. 128 ff.

lichen Ausweg aus dieser Nothlage haben nur diejenigen Prozessualisten, welche aus einem Feststellungsurtheil Zwangsvollstreckung für zulässig erklären.[1]) Denn die Klage auf Feststellung, daß der Verkäufer schuldig sei, nach Ablauf der Frist Schadensersatz wegen Nichterfüllung zu leisten, kann natürlich mit der Klage auf Verschaffung des Eigenthums stets verbunden werden, da das Interesse an dieser alsbaldigen Feststellung auf der Hand liegt. Läuft dann erst nach Fällung des verurtheilenden Erkenntnisses die Frist fruchtlos ab, so hat dies der Kläger behufs Erlangung einer vollstreckbaren Ausfertigung durch öffentliche Urkunde nachzuweisen (§ 664 f. der CPO.). Und dieser Nachweis, daß der Verkäufer in der gestellten Frist Eigenthum nicht verschafft habe, wird sich bei Grundstücken vermöge des Grundbuchs schon erbringen lassen. Andernfalls käme § 667 CPO. zur Anwendung.

3. Mit der Verpflichtung des Verkäufers, für Mängel im Recht aufzukommen, berührt sich seine Verbindlichkeit, für Mängel der Sache Gewähr zu leisten. Im preußischen ALR. war diese Berührung eine zu intime geworden, weil man physische und juristische Mängel unter die Gewähr der Mängel zusammenfaßte und zu den juristischen auch den Fall theilweiser Eviktion zählte.[2]) Das Gesetz nimmt hier im Anschluß an das gemeine Recht eine reinliche Grenzscheidung vor. Denn nach ihm umfaßt die Gewährleistungspflicht wegen Mängel nur physische Fehler, die den Werth oder die Tauglichkeit (der Kaufsache) zu dem gewöhnlichen oder nach dem Vertrag vorausgesetzten Gebrauch aufheben oder erheblich mindern und außerdem zugesicherte Eigenschaften der Sache ohne Rücksicht auf die Erheblichkeit ihres Fehlens (§ 459). Als zugesicherte Eigenschaft wird auch eine bestimmte Größe des Kaufgrundstückes behandelt (§ 468), während bei beweglichen Sachen es Frage des einzelnen Falls ist, ob in dem Fehlen der Quantität ein Mangel liegt, der den Werth oder die Tauglichkeit zu dem gewöhnlichen oder nach dem Vertrag vorausgesetzten Gebrauch aufhebt oder mindert, oder ob die Quantität als zugesicherte Eigenschaft anzusehen ist. Es ist ersichtlich, daß der nach dem Vertrag vorausgesetzte Gebrauch sich mit den zugesicherten Eigenschaften der Sache eng berührt. Denn die letzteren

---

[1]) Bähr, Urtheile des Reichsgerichts S. 155 ff. Kohler, Prozeßrechtliche Forschungen S. 64.

[2]) §§ 164 ff. I. 11 des ALR. vergl. § 323 I. 5 und Plenarbeschluß des Obertrib. v. 21./6. 47 Bd. 15, S. 3 ff.

können gerade solche sein, welche den nach dem Vertrag vorausgesetzten Gebrauch erst ermöglichen. Wer z. B. einen Deckhengst kauft, der läßt sich als Eigenschaft desselben die Fortpflanzungsfähigkeit zusichern. Fehlt diese, so liegt zugleich ein Mangel vor, der die Tauglichkeit des Hengstes zu dem nach dem Vertrag vorausgesetzten Gebrauch aufhebt. Es kann danach im einzelnen Fall schwierig sein, zu entscheiden, ob ein die Tauglichkeit zu dem vertragsmäßig vorausgesetzten Gebrauch aufhebender oder mindernder Mangel vorliegt oder ob eine zugesicherte Eigenschaft fehlt. Immerhin greift das Gebiet der zugesicherten Eigenschaften weiter, weil die zugesicherte Eigenschaft sich gar nicht auf die Tauglichkeit zu dem nach dem Vertrag vorausgesetzten Gebrauch zu beziehen braucht, z. B. wenn eine bestimmte Farbe des Hengstes — ganz schwarz — ausgemacht war, und sich dann herausstellt, daß der eine Vorderfuß gefärbt war. Gewöhnlicher Gebrauch einer Sache ist aber der Gebrauch, zu welchem eine Sache dieser Art verwendet zu werden pflegt.

Der Verkäufer haftet nun regelmäßig für offene und heimliche Mängel sowie zugesicherte Eigenschaften zur Zeit des Uebergangs der Gefahr. Jedoch ist er von der Haftung für Mängel der verkauften Sache — nicht von derjenigen für zugesicherte Eigenschaften — absolut frei, wenn der Käufer die Mängel beim Abschluß des Vertrages kannte. Und für offene, dem Käufer in Folge eigener grober Fahrlässigkeit beim Kaufabschluß unbekannt gebliebene Mängel haftet nur der arglistige Verkäufer. (§§ 459 u. 460.)

Die Anknüpfung der Gewährleistungspflicht an den Zeitpunkt des Gefahrübergangs ist in Deutschland neu. Das preußische ALR. hat keineswegs bereits das Gleiche gethan. Von ihm wird an die Uebergabe die Gewähr geknüpft (§§ 192 ff. II. 11) und mit der Uebergabe geht nach LR. sowohl Eigenthum als Gefahr über (§ 3 I 9 und §§ 77 u. 95 I. 11). Das LR. läßt also die Frage offen, ob die Gewähr der Mängel wegen des Gefahr- oder des Eigenthumsüberganges an die Uebergabe geknüpft wurde. Nun haben aber Gefahrübergang und Gewährleistungspflicht gar nichts mit einander zu thun; es wäre eine rein äußerliche Auffassung, wenn das Einstehen für die bis zum Uebergang der Gefahr noch auftauchenden Mängel als Tragen der Gefahr gelten sollte. Wohl aber steht die Gewährleistungspflicht mit der Vertragserfüllung in Zusammenhang, sie bildet einen Theil der Erfüllungspflicht. Deshalb wäre es m. E. richtiger gewesen, die Grenze für die Gewährleistungspflicht durch den Zeitpunkt zu bestimmen, in welchem äußerlich wenigstens die Erfüllung statthatte, d. h. bei beweglichen Sachen durch den Zeitpunkt der Uebergabe, bei unbeweglichen durch denjenigen der Auflassung. Der Umstand, daß auf diese Weise der Verkäufer, welcher das Grundstück übergab, aber noch nicht aufließ, noch für die zwischen Uebergabe und Auflassung sich einstellenden Mängel haften würde, darf m. E. nicht bedenklich machen. Denn warum schloß er nicht die Auflassung möglichst an den Zeitpunkt der Uebergabe an. Ich würde sogar einen besonderen Vortheil in der vom Gesetz reprobirten Regelung erblickt haben, weil durch sie auf möglichste Konzentrirung der beiden Erfüllungshandlungen der Uebergabe und der Auflassung, von denen letztere offenbar die wichtigere ist, hingewirkt worden wäre. Soweit sich diese Konzentrirung aber im einzelnen Fall nicht hätte erreichen lassen, hätten die Kontrahenten es in der Hand gehabt, durch vertragsmäßige Regelung etwaige Mißstände auszuschließen.

Die dem Käufer wegen vorhandener Mängel oder fehlender, zugesicherter Eigenschaften zustehenden Ansprüche gehen auf Erfüllung, also Nachbesserung, auf Wandlung und Preisminderung, beim Viehkauf jedoch nur auf Wandlung, und beim Kauf generisch bestimmter Sachen auf Lieferung fehlerfreier, an Stelle der mangelhaften (§ 480 u. § 481). Bei arglistig verschwiegenen Fehlern und beim Fehlen einer zugesicherten Eigenschaft tritt noch der Anspruch auf Schadensersatz wegen Nichterfüllung hinzu, falls die Eigenschaft schon zur Zeit des Vertragsschlusses oder beim Genuskauf zur Zeit des Gefahrüberganges fehlte (§§ 465 u. 480 Abs. 2). Denn das Gesetz erblickt in der Zusicherung einer Eigenschaft die Uebernahme einer Garantie für das Vorhandensein der Eigenschaft zur Zeit des Vertragsschlusses.

Sämmtliche Ansprüche sind davon abhängig, daß der Käufer bei der Empfangnahme der mangelhaften Sache entweder den Mangel nicht kannte, oder daß er sich seine Rechte wegen des Mangels ausdrücklich bei der Empfangnahme vorbehielt (§ 464). Das Gesetz stellt hier im Fall vorbehaltloser Annahme bei Kenntniß des Fehlers die Fiktion des Verzichts auf. Für die Wandlungsklage wegen fehlender zugesicherter Größe des Grundstücks wird außerdem noch der Nachweis verlangt, daß die Erfüllung des Vertrages wegen Erheblichkeit des Fehlenden für den Käufer kein Interesse hat (§ 468). Man denke nur an städtische Bauplätze.

Das Verhältniß dieser Ansprüche zu einander ist Folgendes:

Sie können nicht primär cumulirt werden. Andererseits sind die ädilicischen Ansprüche im Verhältniß zum Anspruch auf Nachbesserung keineswegs, wie dies nach preußischem Recht der Fall war, subsidiär. Es wird also von einer Verpflichtung des Käufers, beim Vertrage stehen zu bleiben, weil der Verkäufer nachbessern will, nicht mehr die Rede sein können. Vielmehr steht dem Käufer die Wahl frei, ob er auf Nachbesserung bestehen oder wandeln oder mindern oder endlich, beim Fehlen versprochener Eigenschaften, oder beim Vorhandensein arglistig verschwiegener Mängel, ob er auf Schadensersatz wegen Nichterfüllung klagen will. Dabei hat Käufer das ius variandi. Dasselbe geht ihm erst mit der vollzogenen Wandlung oder Preisminderung verloren, also erst dann, wenn der Verkäufer sich mit der vom Käufer gerichtlich oder außergerichtlich verlangten Wandlung oder Preisminderung einverstanden erklärt hat oder rechtskräftig dazu verurtheilt ist.[1]) Bei dieser Sachlage würde es in der Hand des Käufers liegen, die Wahl zwischen Wandlung und Minderung bis zum Ablauf der Verjährungszeit hinzuziehen, indem er zwar dem Verkäufer das Vorhandensein eines Mangels anzeigte, aber keinerlei Erklärung darüber hinzufügte, ob er wandeln oder mindern wolle. Um diesen unangenehmen Schwebezustand für den Verkäufer abzukürzen und zu verhüten, daß der Käufer inzwischen zum Nachtheil des Verkäufers auf Steigen oder Fallen des Marktpreises der gelieferten Waare spekulire,[2]) giebt § 465 dem Verkäufer das Recht, vom Käufer, der einen Mangel dem Verkäufer gegenüber behauptete, unter Bestimmung einer angemessenen Frist die Entscheidung, ob er wandeln wolle, zu verlangen. Stillschweigen des Käufers während der Frist gilt als Verzicht auf die Wandlung. So gut gemeint diese Vorschrift ist, so wird sie doch vom Käufer dadurch umgangen werden können, daß er es zunächst unterläßt, dem Verkäufer gegenüber einen Mangel zu behaupten. Denn die vom Käufer aufgestellte Behauptung eines Fehlers gegenüber Dritten giebt, auch wenn sie durchaus feststände, dem Verkäufer nicht das Recht der Fristbestimmung.

Die Vollziehung der Wandlung ist also nichts Anderes, als das beiderseitige Einverständniß von Käufer und Verkäufer darüber, daß gewandelt werden soll. Mit Erzielung dieses Einverständnisses ist,

---

[1]) § 465 des BGB. und § 779 CPO.

[2]) Steigt der Marktpreis, so wählt er Preisminderung, fällt er, so wählt er Wandlung.

falls noch von keiner Seite erfüllt war, — Käufer hatte, da er die Kaufsache als mangelhaft erkannte, ihre Annahme abgelehnt und Zahlung des Preises verweigert — der Kaufvertrag aufgehoben. War aber schon mit der Erfüllung begonnen, so ist mit der Erzielung dieses Einverständnisses außerdem ein neues Schuldverhältniß zwischen Käufer und Verkäufer hergestellt, gerichtet auf Wiederherstellung des vor Abschluß des Kaufvertrages gewesenen Zustandes durch Rückleistung Zug um Zug. In diesem neuen Schuldverhältniß sind aber die Kräfte nicht ganz gleichmäßig vertheilt. Denn während der Käufer auf Durchführung der Redhibition klagen kann, hat der Verkäufer nur die Möglichkeit, dem morosen Käufer eine angemessene Frist zu bestimmen mit der Erklärung, daß er die Annahme der zurückzugewährenden Gegenstände nach Ablauf der Frist ablehne. Und mit dem fruchtlosen Ablauf der Frist ist dann die Durchführung der Wandlung ausgeschlossen. Trotz „vollzogener" Wandlung hat es also der Käufer in der Hand, die Wandlung durchzuführen oder die fehlerhafte Sache gegen den Kaufpreis zu behalten. Und dies ist durchaus seiner Stellung als Redhibitions**berechtigter** gemäß. Denn die Redhibition ist sein Recht, nicht seine Pflicht. Andererseits aber wird durch das Fristbestimmungsrecht des Verkäufers ihm die Möglichkeit abgeschnitten, die Frage, ob Wandlung oder nicht bis zum Ablauf der Verjährungszeit in der Schwebe zu lassen.

Dagegen kann der Käufer, welcher durch Versäumung der ihm gestellten Frist die Durchführung der Wandlung ausschließt, nicht etwa nachträglich Minderung des Kaufpreises begehren. Denn der Vollzug der Wandlung wird durch die Fristversäumniß nicht rückgängig gemacht. Und mit dem Vollzug ist das ius variandi verloren.

In der Normirung der Verjährungsfristen für die ädilicischen Klagen folgt das Gesetz dem preußischen Recht, indem für beide Klagen die gleiche Frist festgesetzt wird, welche aber nach der Verschiedenheit des Kaufgegenstandes verschieden bemessen ist — 6 Wochen bei Vieh, 6 Monate bei anderen beweglichen Sachen von der Ablieferung an gerechnet, 1 Jahr bei unbeweglichen Sachen von der Uebergabe an —. Die Unterscheidung des preußischen Rechts zwischen Landgütern und städtischen Grundstücken ist also fallen gelassen.[1]) Indem das Gesetz bei beweglichen Sachen die Ablieferung — nicht die Uebergabe, die ja auch durch constitutum possessorium oder Abtretung des Anspruchs

[1]) § 343 I. 5 des ALR.

auf Herausgabe der Sache ersetzt werden kann[2]) — für den Beginn der Verjährung maßgebend sein läßt, trägt es dem Gesichtspunkt Rechnung, daß der Käufer erst durch dieselbe in den Stand gesetzt wird, die Sache auf das Vorhandensein von Fehlern zu prüfen. Eine weitere Neuerung besteht darin, daß auch der Anspruch auf Schadensersatz wegen Mangels einer zugesicherten Eigenschaft der gleichen kurzen Verjährung unterworfen wird, und daß die Hemmung oder Unterbrechung der Verjährung eines der Ansprüche, z. B. durch Antrag auf gerichtliche Beweisaufnahme zur Sicherung des Beweises,[3]) auch hinsichtlich der übrigen wirkt. Denn alle drei Ansprüche verfolgen einen und denselben Zweck, die Ausgleichung des durch die Mängel oder fehlenden promissa der Sache dem Verkäufer entstehenden Nachtheils. Uebrigens kann in Abweichung von den Regeln der gewöhnlichen Verjährung[4]) die Frist durch Vertrag auch verlängert werden und bei Arglist des Verkäufers beträgt die Verjährungsfrist sowohl der Schadensersatzansprüche als auch, wie man entgegen der ungenauen Fassung des § 477 Abs. 1 annehmen muß, der ädilicischen Ansprüche ohnehin dreißig Jahre.[5]) Doch wirkt die vertragsmäßige Verlängerung der Verjährungsfrist des einen Anspruchs nicht auch die Verlängerung der Verjährungsfrist für die andern Ansprüche, da hier Alles auf den Vertragswillen der Kontrahenten gestellt ist.

Mit der Verjährung eines Anspruchs ist regelmäßig auch seine Geltendmachung im Wege der Einrede ausgeschlossen. Der Käufer jedoch kann sich die exceptio redhibitoria oder quanti minoris durch Mängelanzeige, durch Antrag auf Beweis zum ewigen Gedächtniß, durch Streitverkündigung an den Verkäufer in einem zwischen ihm und einem späteren Erwerber der Sache wegen des Mangels anhängigen Rechtsstreit wahren, immer vorausgesetzt, daß diese Akte vor Vollendung der Verjährung erfolgen. Nur unter der gleichen Vor-

---

[2]) §§ 930 u. 931.

[3]) Sonstige Hemmungs- und Unterbrechungsgründe: §§ 202 ff.

[4]) § 225.

[5]) Nach deu Mot. II. S. 240 Abs. 2 a. E. sollten die ädilicischen Ansprüche auch bei Arglist des Verkäufers in der kurzen Frist verjähren. In § 571 Abs. 2 des I. Entwurfs war consequent auch beim Werkvertrag die lange Verjährung bei Arglist des Unternehmers nur für den Anspruch auf Schadensersatz, nicht für den Wandlungs- oder Minderungsanspruch anerkannt. Nach § 638des Ges. aber sind bei Arglist des Uebernehmers auch die Wandlungs- und Minderungsansprüche der langen Verjährung unterworfen. Ein Grund, die Verjährung dieser Ansprüche anders zu behandeln als beim Kaufvertrag besteht aber nicht.

aussetzung hat er auch das Recht, den verjährten Schadensanspruch noch zur Kompensation zu verwenden, eine Beschränkung gegenüber § 390 Satz 2, welche nach meiner Auffassung den Verkäufer grundlos bevorzugt. Im Fall der Arglist des Verkäufers bedarf es einer Wahrung des Einrederechts nicht.[1])

Umgekehrt sind natürlich alle Ansprüche auf Gewähr der Mängel verzichtbar. Jedoch ist der Vorausverzicht nichtig, wenn der Verkäufer den Mangel arglistig verschwiegen hatte.[2]) Der in Kenntniß der Arglist des Verkäufers vom Käufer erklärte Verzicht kann als Schenkung wirksam sein.

Der Anspruch auf Preismindernng geht auf relative Herabsetzung des Kaufpreises (vergl. auch § 473) in dem Verhältniß, in welchem zur Zeit des Vertragsschlusses der Werth der fehlerlosen Sache zu dem Werth der fehlerhaften gestanden haben würde. Der Werth der fehlerlosen Sache (100) verhält sich also zum Werth der fehlerhaften (80) wie der Kaufpreis (120) zu X. Bei der Minderung wegen einzelner von mehreren für einen Gesammtpreis verkauften Sachen ist der Gesammtwerth aller Sachen zu Grunde zu legen, also: der Gesammtwerth der sämmtlichen fehlerlosen Sachen verhält sich zum Gesammtwerth, der sich unter Berücksichtigung der gerügten Fehler herausstellt, wie der Kaufpreis zu X.[3]) Handelt es sich andrerseits um mehrere Verkäufer oder Käufer, so kann gegen jeden Verkäufer und von jedem Käufer Minderung verlangt werden und zwar im Zweifel zu gleichen Theilen[4]). Und da wiederum die Wandlung nicht theilbar ist, so folgt, daß mit der Vollziehung der von einem Käufer verlangten Minderung die Wandlung wegen desselben Fehlers ausgeschlossen sein muß.

Der Anspruch des Käufers auf Wandlung geht auf Befreiung von den durch den Vertrag entstandenen Pflichten gegen Herausgabe des vom Verkäufer Empfangenen. Die Wandlung erzeugt also nur obligatorische Wirkungen unter den Parteien, dahingehend, durch Rückgewähr des beiderseits Empfangenen möglichst den Zustand wieder herzustellen, der vor Abschluß des Kaufvertrages bestand. Ersatz des durch den Vertragsabschluß in Verbindung mit dem Fehler verursachten Schadens herbeizuführen, ist also nicht Zweck der Wandlung.

1) § 478.
2) § 476.
3) § 472.
4) §§ 474 u. 420.

Immerhin hat der Verkäufer dem Käufer die Vertragskosten zu ersetzen.[1])

Die Möglichkeit zur Rückgabe der Sache Seitens des Käufers ist nicht, wie nach den §§ 326—328 I. 5 des ALR., Voraussetzung der Wandlung. Sondern im Anschluß an das gemeine Recht kann die Wandlung auch vollzogen werden, wenn die Sache durch Zufall unterging. Ja, auch Veräußerung der Sache durch den Käufer schließt nicht ohne Weiteres die Wandlung aus. Wohl aber ist sie ausgeschlossen, wenn zur Zeit ihrer Erklärung entweder die Herausgabe des empfangenen Gegenstandes ohne wesentliche Verschlechterung durch Verschulden des Käufers unmöglich war, oder nach Veräußerung desselben an einen Dritten[2]) durch dessen Schuld die Herausgabe ohne wesentliche Verschlechterung unmöglich geworden war.

Die erste Alternative liegt aber nicht nur bei verschuldetem Untergang oder verschuldeter Verschlechterung vor, sondern auch dann, wenn der Käufer die Sache derelinquirte oder sie in Kenntniß ihres Fehlers veräußerte, ohne doch durch den Fehler zu ihrer Veräußerung als guter Hausvater gezwungen zu sein,[3]) oder sie auch in Kenntniß ihres Fehlers spezifizirte oder sonst über sie in einer der Art eines guten Hausvaters nicht entsprechenden Weise verfügte, indem er z. B. als keimunfähig erkannten Saatroggen gleichwohl aussäete 2c. Verfügt oder veräußert er aber in Unkenntniß des Fehlers, z. B. er verkauft als Viehhändler das erhandelte Schwein an einen Fleischer und dieser entdeckt erst den Fehler, nachdem er das Thier geschlachtet, oder verfügt oder veräußert er zwar in Kenntniß des Fehlers, jedoch als guter Hausvater, so kann er gleichwohl noch wandeln. Hier trifft keineswegs, wie es den Anschein hat, die 2. Alternative zu, Denn die Unmöglichkeit der Herausgabe ist hier keineswegs verschuldet.

Immerhin läßt sich eine gewisse Willkürlichkeit nicht verkennen, die darin liegt, daß nach § 353 Abs. 1 der Käufer, welcher die fehlerhafte Sache weiter veräußerte, für das Verschulden seines Abkäufers wie für sein eigenes einzustehen hat. Denn während der § 467 Satz 2 und § 351 dem Gesichtspunkte Rechnung tragen, daß die auf Verschulden des Käufers beruhende Unmöglichkeit der Rückgabe der Kaufsache das Recht zur Wandlung ausschließen soll, ist

[1]) § 467 letzter Satz.

[2]) Dazu gehört auch die Belastung mit dem Recht eines Dritten.

[3]) Z. B. er verkauft ein fehlerhaftes Pferd, anstatt sein sicheres Krepiren abzuwarten, an den Roßschlächter. Hier ist er zum Verkauf berechtigt.

dieser Gesichtspunkt in § 353 aufgegeben. Denn nicht nur dann trifft den Käufer das Verschulden des Erwerbes, wenn er in Kenntniß des Fehlers veräußerte, sondern auch bei totaler Unkenntniß desselben.[1])

Uebrigens kann in der mit Kenntniß des Fehlers erfolgten Veräußerung des Kaufgegenstandes ein Verzicht des Käufers anf die Wandlung liegen. Doch hängt das ganz von der Lage des einzelnen Falles ab.

Die Wandlung wegen eines Mangels der Hauptsache erstreckt sich auch auf die Nebensache, nicht aber umgekehrt (§ 470). Sind mehrere Sachen für einen Gesammtpreis verkauft und einzelne derselben mangelhaft, so kann nur in Ansehung der mangelhaften gewandelt werden. Anders, wenn die Sachen als zusammengehörig verkauft wurden und die Trennung der mangelhaften Sachen von den fehlerlosen dem Käufer oder Verkäufer nachtheilig sein würde; — z. B. 1 Viergespann ist verkauft und der Neuerwerb eines passenden Pferdes an Stelle des fehlerhaften würde dem Käufer schwierig und kostspielig sein (§ 469). Findet danach beim Verkauf mehrerer Sachen wegen Mangelhaftigkeit einer nur in Ansehung der letzteren die Wandlung statt, so erhält der Käufer von dem etwa schon gezahlten Kaufpreis soviel zurück, als sich unter Zugrundlegung der Zeit des Vertragsabschlusses bei folgender Gleichung ergiebt: der Werth der sämmtlichen Sachen in mangelfreiem Zustand verhält sich zu dem Werth der von der Wandlung nicht betroffenen Sachen wie der Kaufpreis zu X.[2])

4. Den vorstehend skizzirten Rechten des Käufers stehen nun seine Pflichten gegenüber. Vor Allem hat er den vereinbarten Kaufpreis zu zahlen und die daneben etwa noch anderweit festgesetzten Gegenleistungen zu machen.[3]) Der Kaufpreis muß verum und certum sein. Ist dabei als pretium der Marktpreis vereinbart, so ist im Zweifel der für den Erfüllungsort und die Erfüllungszeit maßgebende Marktpreis gemeint.[4]) Festsetzung des Kaufpreises durch Bezugnahme

---

[1]) Ob übrigens die durch den Erwerber herbeigeführte Unmöglichkeit der Herausgabe eine verschuldete war, das wird sich wiederum genau nach der Sachlage richten. Auch bei absichtlich herbeigeführtem Untergang der Sache braucht die Unmöglichkeit der Herausgabe keine verschuldete zu sein. Z. B. der Erwerber von Reben merkt, daß dieselben von der Reblaus ergriffen sind und läßt sie sofort vernichten.

[2]) § 471. Ueber die Gewährleistung bei Viehmängeln §§ 481 ff.

[3]) §§ 433 und 473.

[4]) § 453.

auf das arbitrium irgend welches Sachverständigen ist natürlich zulässig.[1]) Justum braucht der Preis nicht zu sein, und sogar das Recht des Rücktritts vom Kaufvertrag wegen laesio enormis ist beseitigt.[2]) Kaufpreis und Kaufgegenstand darf der Käufer nicht zugleich nutzen. Deshalb hat er den nicht gestundeten Kaufpreis von dem Zeitpunkte an zu verzinsen, von welchem an die Nutzungen des gekauften Gegenstandes kraft Vertrages oder Gesetzes (Uebergabe bei beweglichen und unbeweglichen Sachen, es müßte denn bei letzteren die Eigenthumseintragung der Uebergabe vorausgegangen sein — § 446) ihm gebühren.[3]) Endlich aber ist der Käufer verpflichtet, dem Verkäufer die gekaufte Sache abzunehmen,[4]) d. h. sie an sich zu nehmen, so daß der Verkäufer sie los ist. Der Verkäufer setzt also den Käufer durch das ordnungsmäßige, aber vergebliche Angebot der Kaufsache nicht nur in Annahmeverzug, sondern er kann sogar gegen den Käufer auf Abnahme der ordnungsmäßig angebotenen Sache klagen, executio ad faciendum gegen ihn beantragen und hat nach den Grundsätzen über gegenseitige Verträge Anspruch auf Schadensersatz wegen Nichterfüllung oder das Rücktrittsrecht vom Vertrage (§§ 325 und 326). Das Abnehmen ist ein Theil der dem Käufer obliegenden Leistung.

5. Schließlich noch einige Bemerkungen bezüglich der im Gesetz hervorgehobenen besonderen Arten des Kaufs.

a) Kauf nach Probe und Kauf auf Probe.[5])

Ersterer ist unbedingter Kauf unter der Verpflichtung des Verkäufers, daß die Lieferung der Probe entspreche. Letzterer ist Kauf sub conditione suspensiva, si volet emtor. Mit der Erklärung seines Einverständnisses ist der Käufer an die vertragsmäßig festgesetzte Frist gebunden. Doch kann der Verkäufer dem Käufer auch nachträglich eine angemessene Erklärungsfrist bestimmen. Stillschweigen während der Frist gilt als Ablehnung, es müßte denn zugleich dem Käufer die Waare zum Zwecke der Probe übergeben sein.

b) Wiederkauf.

Man streitet darüber, ob in ihm die Verabredung eines Rücktrittsrechts oder ein pactum de contrahendo liegt. Weder mit der einen noch mit der anderen Auffassung sind die Bestimmungen des

---

1) §§ 316 ff.
2) Mot. II. S. 321.
3) § 452.
4) § 433 Abs. 2.
5) §§ 494—496.

Gesetzes verträglich. Denn der Rücktritt könnte natürlich nur gegen Rückerstattung des ursprünglichen Kaufpreises erfolgen. Nach § 501 kann aber auch verabredet werden, daß der Wiederkäufer den Schätzungswerth der Sache zur Zeit der Ausübung des Wiederkaufrechts bezahlen soll. Ein pactum de contrahendo aber kann um des Willen nicht angenommen werden, weil es des Abschlusses eines zweiten Kaufvertrages gar nicht bedarf, sondern nur der formlosen Erklärung des Wiederkäufers, sein Recht ausüben zu wollen.[1])

Eher könnte man wegen der letzterwähnten Bestimmung im Wiederkauf einen vom Käufer vorgenommenen suspensiv bedingten Verkauf erblicken, bedingt dadurch, daß der Verkäufer innerhalb der vertragsmäßigen oder gesetzlichen Frist die Rückgewähr des Kaufgegenstandes verlangen sollte. Aber mit dieser Auffassung harmonirt nicht die Bestimmung, daß der Wiederkäufer wegen casueller Verschlechterung des Kaufgegenstandes keine Preisminderung verlangen kann.[2]) Denn an sich würde bei einem suspensiv bedingten Vertrage der Wiederverkäufer die Gefahr zu tragen haben.[3])

So wird man dazu gedrängt, in dem vertragsmäßigen Vorbehalt des Wiederkaufs ein Recht auf Einlösung, also auf Rückforderung des Kaufgegenstandes gegen Zahlung einer in bestimmter Weise normirten Einlösungssumme zu erblicken.[4]) Der aus dem vertragsmäßigen Vorbehalt des Wiederkaufs abzuleitende Anspruch geht nicht auf contrahere, sondern auf restituere oder redhibere. Dieser Anspruch ist aber ein befristeter, ein vertragsmäßig oder gesetzlich befristeter.[5]) Er geht auf Herausgabe des Kaufgegenstandes nebst Zubehör und der Wiederverkäufer muß also sich gegenwärtig halten, daß er bis zum Ablauf der Frist dem Einlösungsanspruch ausgesetzt ist. Deshalb haftet er für jedes Verschulden, auch auf Beseitigung von durch ihn in der Zwischenzeit begründeten Rechten dritter Personen, nicht dagegen für den casus.[6]) Wegen gemachter Verwendungen hat er das ius tollendi und insoweit Ersatzansprüche, als der Werth des Gegenstandes durch die Verwendungen erhöht ist.[7])

---

[1]) § 492 Abs. 1 letzter Satz.

[2]) § 498 letzter Satz.

[3]) § 323 Abs. 1.

[4]) § 1068 des österreich. Ges.=Buchs: das Recht, eine verkaufte Sache wieder einzulösen, heißt das Recht des Wiederkaufs . . . . . —

[5]) § 503.

[6]) § 498.

[7]) § 500.

Aber die Absicht der Parteien kann auch eine andere sein. Objekt des Einlösungsrechts kann auch der Kaufgegenstand sein, so wie er zur Zeit der Geltendmachung des Einlösungsanspruchs steht und liegt. Diese Absicht ist nach der Bestimmung des § 501 im Zweifel anzunehmen, wenn der Schätzungswerth, den der gekaufte Gegenstand zur Zeit der Geltendmachung des Einlösungsrechts hat, als Einlösungssumme vereinbart wurde.

Das Wiederkaufsrecht ist vererblich und cessibel, aber seine Ausübung untheilbar. Deswegen kann es, wenn es Mehreren gemeinschaftlich zusteht, nur im Ganzen ausgeübt werden. Das für den einen Theilhaber — wegen Fristablaufs, Verzichts 2c. — erloschene Wiederkaufsrecht wächst den übrigen Theilhabern, welche ihre Fristen gewahrt haben, zu.[1])

c) Vorkauf.

Während das Wiederkaufsrecht nur als obligatorisches Recht anerkannt ist, kennt das Gesetz sowohl das obligatorische als das dingliche Vorkaufsrecht. Die Vorschriften der §§ 504 ff. beziehen sich nur auf das Erstere und man kann das obligatorische Vorkaufsrecht bezeichnen als das Recht auf Erwerbung eines Gegenstandes für den Fall, daß der an dem Gegenstand Berechtigte diesen verkaufen sollte[2]) und zu demselben Gebot, welches ihm von anderer Seite gemacht wurde. Während das Wiederkaufsrecht nur durch einen dem Kaufvertrage beigefügten Nebenvertrag für den Verkäufer begründet werden kann, so kann das Vorkaufsrecht sowohl durch solchen Nebenvertrag, als durch selbstständigen Vertrag und durch Vermächtniß begründet werden. Der Erblasser kann ein Vorkaufsrecht an seiner Sache Jemandem durch Vermächtniß bestellen, so daß der Vermächtnißnehmer sein Vorkaufsrecht gegen den Erben, falls dieser sollte verkauft haben, geltend machen kann. Dagegen giebt es gesetzliche obligatorische Vor-

---

[1]) § 502.

[2]) Nur bei einem Kauf, nicht bei einem Tausch oder anderen Veräußerungsgeschäft kann das Vorkaufsrecht nach § 504 ausgeübt werden. Ebenso ist es ausgeschlossen beim Verkauf im Wege der Zwangsvollstreckung oder durch den Konkursverwalter (§ 512) und — wenigstens im Zweifel — beim sogen. Kindskauf (§ 511). Vgl. Stobbe, Deutsches Privatrecht II. § 89 Nr. 4. Die Haftung des Vorkaufspflichtigen wäre im ersteren Fall zu hart. Auch will der Konstituent eines Vorkaufsrechtes es schwerlich für den Fall einräumen, daß der Gegenstand auf Betreiben der Gläubiger des Vorkaufspflichtigen verkauft werden sollte. Der 2. Fall aber ist im Anschluß an § 584 I. 20 des preußischen ALR. ausgeschlossen.

kaufsrechte nicht. Gemäß seiner obligatorischen Natur kann das Recht nur gegen den Gegenkontrahenten des Berechtigten oder seine Universalsuccessoren oder beim letztwilligen Vorkaufsrecht den Erben oder dessen Universalsuccessoren geltend gemacht werden, nicht gegen Denjenigen, an welchen der Gegenkontrahent oder der Erbe hat durch Kauf übereignen wollen. Hat also die Uebereignung stattgefunden, so bleibt dem Vorkaufsberechtigten nur der Interesseanspruch gegen den Verpflichteten. Das Vorkaufsrecht ist, soweit nichts Anderes bestimmt ist, weder cessibel noch aktiv vererblich. Denn es soll nur persönlichen Interessen des Berechtigten zu dienen bestimmt sein. Eine derartige andere Bestimmung erblickt das Gesetz in der rechtsgeschäftlichen Beschränkung des Vorkaufsrechts auf gewisse Zeit. Dagegen ist das Vorkaufsrecht wie das Wiederkaufsrecht der Ausübung nach untheilbar (§ 512).

Die rechtliche Natur des Vorkaufsrechts ist dieselbe, wie diejenige des Wiederkaufsrechts. Es handelt sich auch hier lediglich um einen Anspruch auf Herausgabe gegen Geld, bedingt durch Vornahme des Verkaufs Seitens des Vorkaufspflichtigen. Nur bestimmen sich Beides, sowohl das zu Restituirende[1]) als das zu leistende Entgelt näher nach dem Inhalt des mit dem dritten Kontrahenten geschlossenen Kaufvertrages. Dadurch liegt beim Vorkaufsrecht die Sache ähnlich, wie beim Wiederkaufsrecht zum Schätzungspreis (§ 501). Der Vorkaufsverpflichtete braucht also bis zum Abschluß des Kaufvertrages mit dem Dritten weder für Verschulden einzustehen, noch hat er Anspruch auf Ersatz für Verwendungen.

Auch der Anspruch aus dem Vorkaufsrecht ist ein vertragsmäßig oder gesetzlich — bei Grundstücken 2 Monat bei andern Gegenständen 1 Woche seit Mittheilung von dem stattgehabten Verkauf — befristeter.[2]) Die Einhaltung dieser Frist vollendet keineswegs erst das Zustandekommen des Vorkaufsrechts, sondern ihre Nichtinnehaltung zerstört das Vorkaufsrecht. Wenn in § 505 Abs. 2 gesagt ist, daß mit der Erklärung des Vorkaufsberechtigten gegenüber dem Verpflichteten der Kauf zwischen dem Berechtigten und dem Verpflichteten unter den Bestimmungen zu Stande kommt, welche der Verpflichtete mit dem Dritten vereinbart hat, so ist damit nur ausgesprochen, daß der Vorkaufsberechtigte nunmehr die aus der Aus-

[1]) Das Vorkaufsrecht greift also auch beim Verkauf reeller oder ideeller Theile Platz.

[2]) § 610.

übung seines Vorkaufrechts sich ergebenden, den Pflichten des Käufers ganz gleichen Pflichten erfüllen muß. Er hat zu erfüllen wie der Käufer, und bisweilen nicht einmal wie dieser,[1]) aber er ist nicht selbst Käufer. Er erfüllt nur die bei Konstituirung des Vorkaufsrechts ihm für den Fall von dessen Ausübung auferlegten Pflichten.

Zur Sicherung der Rechte des Vorkaufsberechtigten dient § 506.

§ 3. Die Schenkung.

I. Begriff. Sie kann entweder Schenkungsversprechen oder Handgeschenk, d. h. durch sofortige Uebergabe vollzogene Schenkung sein. Ersteres bedarf zu seiner Gültigkeit der gerichtlichen oder notariellen Beurkundung, doch wird der Mangel der Form durch die Bewirkung der versprochenen Leistung geheilt (§ 518). Das Handgeschenk ist natürlich formlos.

Nach dem BGB. (§ 516) ist zum Begriff der Schenkung eine unentgeltliche, mit einer Vermögensverringerung einerseits und einer Vermögensbereicherung andererseits verknüpfte Zuwendung erforderlich. Deswegen liegt also keine Schenkung vor, wenn Jemand zu Gunsten eines Andern auf einen Vermögenserwerb, den er machen könnte, verzichtet. Aber das BGB. erklärt auch die Aufgabe eines ipso iure gemachten Vermögenserwerbes für Nichtschenkung, wenn es sich um Ausschlagung einer Erbschaft oder eines Vermächtnisses handelt, obwohl hier bereits erworbene Rechte aufgegeben werden (§§ 1942, 2174, 2176). Der Erwerb ist aber wegen des bestehenden Ausschlagungsrechtes noch kein definitiver. Ueber die Schenkung eines ganzen Vermögens vergl. § 419.

Die Schenkung ist zweifellos ein Vertrag, da § 516 Abs. 1 Uebereinstimmung beider Theile darüber, daß die Zuwendung unentgeltlich erfolgt, verlangt. Es wird also sowohl animus donandi als animus donum accipiendi erfordert. Ersterer wird bisweilen vermuthet, Gegenbeweis vorbehalten. Was Eltern oder Großeltern ihren Descendenten oder umgekehrt diese jenen ohne gesetzliche Verpflichtung zum Unterhalt gewähren, gilt im Zweifel als geschenkt (§ 685 Abs. 2).[2]) Der animus donum accipiendi aber wird bisweilen fingirt. Bei Zuwendungen nämlich, welche ohne Willen des zu Beschenkenden erfolgten, z. B. durch Bestellung seines Ackers oder Bezahlung seiner Schuld, gilt die Acceptation als geschehen, wenn

---

[1]) §§ 507—509.

[2]) Ueber die gesetzliche Unterhaltspflicht vergl. § 1601—1615

der zu Beschenkende in der ihm vom Schenker gestellten Acceptationsfrist nicht ablehnt.[1]) Stillschweigen gilt also als Annahme. Das Gesetz führt danach für den zu Beschenkenden, ohne dessen Willen der Geber handelte, eine besondere Erklärungspflicht ein, wenn das Zustandekommen der Schenkung verhindert werden soll, bestimmt durch die Erwägung, daß es regelmäßig nicht als Unannehmlichkeit empfunden werde, beschenkt zu werden. M. E. ist dies eine Vergewaltigung der Minorität, welche sich nicht gern etwas schenken läßt. Wer etwas geschenkt haben will, muß sich rühren, nicht aber der nichts Begehrende. Deshalb wäre das Präjudiz der Ablehnung im Fall Stillschweigens des zu Beschenkenden vorzuziehen gewesen, zumal durch dieses Präjudiz der durchaus zu billigende gesetzgeberische Zweck, die Zeit der Ungewißheit, ob Schenkung oder grundlose Bereicherung abzukürzen, gleichfalls erreicht worden wäre. Das Gesetz läßt hier ethische Gesichtspunkte außer Acht.

Lehnt andererseits der zu Beschenkende innerhalb der Acceptationsfrist die Annahme ab, so liegt grundlose Bereicherung vor, da die einseitige Schenkungsabsicht keinen genügenden Rechtsgrund der Vermögensvermehrung bildet. Die Verjährung der Bereicherungsklage beginnt aber nicht erst mit der Ablehnung zu laufen, sondern schon mit der Zuwendung. Denn wenn auch die Natur der Zuwendung zunächst in der Schwebe war, so steht doch nach erfolgter Ablehnung fest, daß es sich von vorn herein um grundlose Bereicherung handelte. Ist freilich die Bereicherungsklage verjährt, so ist nun gleichwohl die anfangs provisorische Vermögensvermehrung des Empfängers definitiv geworden, ohne jedoch deshalb in Schenkung überzugehen.

Das Setzen der Acceptationsfrist ist nur für den Fall sanktionirt, daß die Zuwendung „ohne den Willen des Andern" erfolgte. Sicher liegt dieser Fall vor, wenn der Andere von der Zuwendungsabsicht gar nichts weiß. Weiß er andererseits davon, so ist es Thatfrage, ob aus seinem Verhalten auf Zustimmung geschlossen werden dürfe oder nicht. Sein einfaches Stillschweigen kann nicht ohne Weiteres als Zustimmung gelten.

Was Rechtens sei, wenn der Zuwender gar keine Acceptationsfrist stellt, darüber spricht sich das Gesetz nicht aus. Jedenfalls

---

[1]) Hieraus und namentlich aus der Fassung des § 518 ergiebt sich, daß die Annahme eines Schenkungsversprechens stets formlos geschehen kann.

könnte der Bereicherungsklage des Zuwenders jederzeit die Erklärung entgegengesetzt werden, man acceptire hiermit die Schenkung.

II. Die Verpflichtungen des Schenkers sind insofern milde, als er bei Nichterfüllung des Versprechens nur Vorsatz und grobes Versehen zu vertreten hat und von der Entrichtung von Verzugszinsen frei ist (§§ 521 und 522). Seine hauptsächlichste Verbindlichkeit besteht im Einstehen für Mängel des Rechts an dem geschenkten Gegenstand und in der Gewährleistung für Fehler. Der Schenker haftet im Allgemeinen nur für den durch arglistig verschwiegene Mängel im Recht oder dergestalt verschwiegene Fehler der geschenkten Sache dem Beschenkten entstehenden Schaden (§§ 523 Abs. 1 und 524 Abs. 1). Arglistig verschwiegen sind aber diese Mängel, wenn der Schenker sie kannte und gleichwohl dem Beschenkten nicht nannte (Mot. II. S. 296 a. E.). z. B. er schenkt wissentlich ein rotzkrankes Pferd. Beim Schenkungsversprechen verschärft sich diese Haftung in zwei Fällen zur Haftung für grobe Fahrlässigkeit, und zwar wegen Mängel im Recht, wenn der Schenker sich verpflichtete, eine erst anzuschaffende Species- oder Genus-Sache zu schenken, und wegen physischer Mängel, wenn er erst anzuschaffende Genussachen verspricht. Der Schenker haftet hier für die ihm beim Erwerb der Sachen durch grobe Fahrlässigkeit unbekannt gebliebenen Mängel und Fehler (§§ 523 Abs. 2 und 524 Abs. 2).

Ich muß gestehen, mir erscheinen diese Bestimmungen gekünstelt und theilweise geradezu unhaltbar. Dem I. Entw. (§ 443) waren sie fremd. Warum soll die Haftung sich verschärfen, wenn der Vertrag über erst anzuschaffende Sachen abgeschlossen wurde? Liegt nicht von vornherein eine viel größere Aufopferung Seitens des Schenkers vor, wenn er erst die Sachen anschaffen muß, als wenn er aus dem vollen Eigenen giebt? Damit stimmt die Steigerung seiner Haftpflicht schlecht. Ist es verständlich, daß derjenige, welcher 100 Liter Wein anschafft und dann verschenkt, nur für Arglist, derjenige aber, welcher sie verschenkt und dann anschafft, auch für culpa lata haften soll? Man könnte sagen, was er hat, das schenkt er eben, wie er es hat. Richtig. Aber damit ist noch nicht erklärt, weshalb er bei Anschaffungen schärfer haftete, denn was er nicht hat, das schenkt er eben, so wie er's kriegt, — natürlich ohne dolus seinerseits. Weiter aber: Wie soll die Ausdehnung der Haftung für grobe Fahrlässigkeit bei Rechtsmängeln auf Speciessachen sich rechtfertigen? Wenn Jemand eine fremde Sache, z. B. ein erst anzuschaffendes bestimmtes Haus, zu schenken verspricht, so kann man doch höchstens darin schwanken, ob er unbedingt die Garantie übernehmen soll, daß ihm auch der Erwerb des Hauses, frei von allen Rechtsmängeln, gelingen werde, oder ob er eben das Haus nur so zu erwerben hat, wie es steht und liegt. Das Letztere ist doch offenbar dem Wesen der Schenkung angemessen. Auf die grob-fahrlässige Unkenntniß des Rechtsmangels beim Erwerb durch den Schenker kann doch sicher gar nichts ankommen. Denn was nützt ihm die Kenntniß? Das bestimmte Haus ist er verpflichtet zu schenken. Vielmehr kann nur die Kenntniß bei Eingehung des Schenkungsvertrages in Betracht kommen. Für ihm bekannte Rechtsmängel hat der Schenker einzustehen, einerlei ob er aus Eigenem oder Fremdem schenkt.

M. E. wäre es also angezeigt gewesen, die Bestimmung des § 523 Abs. 2 auf generisch bestimmte Sachen zu beschränken, so daß der Schenker gewöhnlich für dolus und nur bei erst anzuschaffenden Genussachen auch für culpa lata haftet.

III. Von den Schenkungswiderrufsgründen — groben Undank, nachgeborene Kinder, Uebermaß — ist nur der erste, jedoch als Verfehlung nicht nur gegen den Schenker, sondern auch gegen seine nahen Angehörigen (§§ 530—534) beibehalten. Dieses Widerrufsrecht wegen groben Undanks ist grundsätzlich unvererblich, es müßte denu der Beschenkte vorsätzlich und widerrechtlich den Schenker getötet oder am Widerruf gehindert haben. Es erlischt mit Ablauf eines Jahres seit erlangter Kenntniß des Widerrufsberechtigten über das Vorhandensein seines Widerrufsrechtes oder mit dem Tode des Beschenkten. Gewissermaßen als Ersatz für die so geminderten Widerrufsgründe ist das beneficium competentiae, welches der I. Entw. (Mot. II, 298) beseitigen wollte, in verstärkter Gestalt aufgenommen. Denn während der Schenker gemeinrechtlich unter Berücksichtigung seiner übrigen Schulden von seiner Schenkungsschuld nur soviel abziehen darf, als er zur Nothdurft des Lebens braucht, kann er jetzt mit dem gleichen Abzugsrecht wegen seiner übrigen Schulden die Erfüllung schon dann weigern, wenn durch dieselbe sein standesgemäßer Unterhalt oder die Erfüllung der ihm kraft Gesetzes obliegenden Alimentationspflichten gefährdet sein würden (§ 519). Unter den Gründen für Schmälerung des standesgemäßen Unterhalts 2c. können aber auch Uebermaß und nachgeborene Kinder sein. Immerhin liegt in dieser Bestimmung kein Widerrufsrecht der Schenkung. Denn während der Widerruf zur Aufhebung des Schenkungsversprechens führen würde, begründet das beneficium competentiae nur ein Recht zur zeitweiligen Erfüllungsverweigerung. Dieses Recht komplizirt sich, wenn Jemand an verschiedene Personen Schenkungsversprechen gab. § 519 Abs. 2 bestimmt für diesen Fall, daß der frühere Anspruch vorgeht. Darin liegt zweierlei: Einmal darf der Schenker der Erfüllungsklage des früheren Gläubigers gegenüber das benef. competentiae nicht damit motiviren, daß er noch jüngere, seinen Unterhalt aber schmälernde Schenkungsschulden habe. Und ferner ist er verpflichtet, dem früher klagenden jüngeren Gläubiger das benef. compet. unter Berücksichtigung der älteren Schenkungsschulden entgegen zu setzen, widrigenfalls er dem früheren Gläubiger gegenüber die Rechtswohlthat insoweit verliert, als er sie dem jüngeren Gläubiger gegenüber versäumte. Auch wird man in solchem Falle dem Schenker nicht einmal eine Bereicherungsklage auf Rückzahlung des danach dem jüngeren Gläubiger zuviel Gezahlten, zusprechen dürfen. Denn der Zahlungsempfänger hat das Empfangene keineswegs ohne rechtlichen Grund. Und auch die Klage aus §§ 528 und 529 ist regelmäßig ausgeschlossen, weil der Schenker seine Bedürftigkeit durch eigene grobe Fahrlässigkeit (Nichtvorschützung des benef. compet.) herbeigeführt hat.

Die erwähnte Bestimmung des § 519 Abs. 2 bezieht sich nur auf den Fall ungleichzeitiger Schenkungsversprechungen. Im Fall gleichzeitiger wird der Schenker die Wahl haben, welchem Anspruch er die except. benef. compet. auf's Ganze zum standesgemäßen Unterhalt oder zur Erfüllung seiner gesetzlichen Alimentationspflichten Nötige entgegensetzen will.

Die Rechtswohlthat der Kompetenz war nach römischen Recht und der Regierungsvorlage nur beim noch nicht erfüllten Schenkungsversprechen anerkannt. Die Reichstagskommission ist nach dem Vorgang des preußischen ALR. (§§ 1123—1128 I. 11) weiter gegangen und erkennt die Rechtswohlthat auch gegenüber der vollzogenen Schenkung an.[1]) Der Schenker kann also auf Herausgabe des Geschenks als einer ungerechtfertigten Bereicherung insoweit klagen, als er nach der Vollziehung der Schenkung zur Bestreitung

[1]) Das preußische ALR. erblickte aber hierin einen Widerrufsfall, während das BGB. erst von § 530 an den Widerruf behandelt. Auch das Recht des Beschenkten, die Herausgabe des Geschenks durch Zahlung des für den Unterhalt erforderlichen Betrages abzuwenden, spricht gegen den Widerruf.

seines standesgemäßen Unterhalts und zur Erfüllung seiner ihm gegen Verwandte und den jetzigen oder früheren Ehegatten gesetzlich obliegen-Unterhaltspflicht außer Stande ist. Die Verschiedenheit der Ausdrucksweise in dem diese Vorschrift enthaltenden § 528 von der Ausdrucksweise des mehrfach erwähnten § 519 muß sofort auffallen. Hier wird ganz allgemein auf die Erfüllung der gesetzlichen Unterhaltspflichten Rücksicht genommen, dort nur auf die gesetzliche Unterhaltspflicht gegen Verwandte und den jetzigen oder früheren Ehegatten des Schenkers. Da nun uneheliche Kinder mit ihrem Erzeuger nicht verwandt sind,[1]) so folgt, daß der auf Erfüllung eines Schenkungsversprechens verklagte Erzeuger eines unehelichen Kindes zur Begründung der Kompetenzeinrede auf die außereheliche Alimentationspflicht sich stützen kann, daß aber derselbe Erzeuger aus demselben Grunde die Herausgabe des Geschenkes nach Vollziehung der Schenkung nicht verlangen kann.

Auch in andern Beziehungen unterliegt die Klage auf Kompetenz Einschränkungen gegenüber der Kompetenzeinrede. Denn sie ist ausgeschlossen, wenn der Schenker seine Bedürftigkeit vorsätzlich oder durch grobe Fahrlässigkeit herbeigeführt hat oder wenn zur Zeit des Eintritts seiner Bedürftigkeit seit der Leistung des geschuldeten Gegenstandes zehn Jahre verstrichen sind. Auch steht der Klage auf Kompetenz möglicher Weise die exceptio benef. compet. entgegen. Ständen dem verarmten Schenker mehrere Beschenkte gegenüber, so wäre der zuletzt Beschenkte prinzipaliter zur Klage auf Kompetenz passiv legitimirt. Subsidiär würden aber auch die früher Beschenkten, und zwar von ihnen der später Beschenkte immer zuerst, haften, insoweit als der prinzipaliter Legitimirte zur Gewährung der Kompetenz nicht verpflichtet ist, z. B. weil er nicht mehr bereichert ist oder selbst das beneficium competentiae hat.

IV. Als besondere Art der Schenkung hebt das Gesetz nur die donatio sub modo hervor und giebt dem Schenker im Anschluß an das gemeine Recht eine Klage auf Erfüllung des modus. Wenn jedoch der modus in Aufwendungen des Beschenkten besteht, z. B. eine Kirche zu bauen, so ist der Beschenkte wegen Behaftetseins des Geschenks mit rechtlichen oder faktischen Mängeln insoweit von der Erfüllung befreit, als der durch den Mangel entstandene Fehlbetrag beträgt und Ausgleichung desselben durch den Schenker nicht erfolgt.

---

[1]) § 1310 Abs. 3 arg. e contr.

Voraussetzung für diese Befreiung ist nicht, daß der Beschenkte das Geschenk in Unkenntniß des Mangels annahm. Vollzog er aber die Auflage in Kenntniß des Mangels, so hat er keinen Ersatzanspruch wegen der den Werth des Geschenks übersteigenden Aufwendungen (§ 526). Ein einheitliches Prinzip scheint hier nicht zu Grunde zu liegen, denn wenn der Beschenkte sich über den Werth des Geschenkes oder die Höhe der zur Ausführung des modus nöthigen Aufwendungen irrt, so haftet er unbedingt. Irrt er sich aber über die Mangelhaftigkeit des Schenkgegenstandes, so modifizirt sich danach seine Erfüllungspflicht, einerlei, ob der Mangel vom Schenker zu vertreten ist, oder nicht. Im 1. Fall hat der Beschenkte zwar die Gewährleistungsansprüche. Aber diese decken ihn insofern nicht, als sie möglicher Weise wegen Unvermögens des Schenkers werthlos sind. Deswegen wird man auch in diesem Fall dem Beschenkten das Recht der Erfüllungsweigerung zugestehen müssen. Neben dem Klagerecht auf Erfüllnng erkennt das Gesetz — in Abweichung vom I. Entw. — auch ein Rückforderungsrecht an, insoweit ein Dritter nicht berechtigt ist, die Vollziehung der Auflage zu verlangen, also ein Vertrag zu Gunsten eines Dritten nicht besteht, oder die Vollziehung der Auflage nicht im öffentlichen Interesse liegt (§§ 527, 525 Abs. 2 und 328 ff.). Dieses Rückforderungsrecht ist nur vorhanden unter den für das Rücktrittsrecht bei gegenseitigen Verträgen (§§ 325 ff.) bestimmten Voraussetzungen. Es geht nach den Vorschriften über Herausgabe einer ungerechtfertigten Bereicherung auch nur auf denjenigen Betrag der Schenkung, welcher zur Erfüllung der Auflage hätte verwendet werden müssen. Abgesehen davon, daß im einzelnen Fall gar nicht leicht festzustellen sein wird, welcher Betrag dies ist,[1]) so ist damit für die Rückforderung ein neues, und wie ich glaube, nicht zu billigendes Prinzip aufgestellt. Bei den Römern stand, wie die Zulassung der condictio ob causam datorum beweist, die donatio sub modo ihrem ganzen Betrage nach unter dem Recht der Voraussetzung.[2]) Die Hingabe des Geschenks wurde als unter der Voraussetzung erfolgt angesehen, daß der Beschenkte, soweit es an ihm sei, die Auflage erfülle. Diese Vorstellung

---

[1]) Man denke z. B. an den Fall, daß 200000 Mk. geschenkt werden mit der Auflage, einen Theil zur Herstellung eines würdigen Denkmals für einen verstorbenen großen Gelehrten zu verwenden. Wie groß ist der zur Herstellung des würdigen Denkmals erforderliche Theil?

[2]) Pernice Labeo III S. 196 ff.

ist im Gesetz nur aufrecht erhalten, bezüglich des zur Ausführung des modus erforderlichen Betrages. Daß damit dem Willen des Schenkers, der wirklich in concreto nur unter der Voraussetzung, daß nun auch der Beschenkte die Auflage erfüllen werde, schenkte, im einzelnen Fall Gewalt angethan werden kann, liegt auf der Hand. Mindestens muß also dem Schenker, der das Obwalten dieser Voraussetzung beim Abschluß des Schenkungsvertrages nachweisen konnte, die condictio ob causam datorum offen gelassen werden. Aber das neue Prinzip ist auch, abgesehen hiervon, nicht zu billigen. Als ob der sub modo donator zwei Beträge hingäbe, einen, den der Beschenkte in seine Tasche stecken, den andern, den er zur Erfüllung der Auflage verwenden soll! Auf diese Weise wird die Einheitlichkeit des Geschäfts gestört. Es scheint fast, als handele es sich jetzt bei der donatio sub modo um zwei Verträge, eine reine Schenkung, durch den gehörig erklärten Konsens geschlossen, und um einen Innomiatkontrakt: do ut facias. Denn abgesehen davon, daß nur bezüglich des zur Erfüllung der Auflage erforderlichen Betrages bei Nichterfüllung die condictio causa data causa non secuta durchgreift, so ist auch der Beschenkte, wie oben unter Nr. IV a. O. gezeigt, unter gewissen Voraussetzungen nur insoweit zur Ausführung des modus verpflichtet, als das Geschenk dazu hinreicht,[1]) also nicht durch den Konsens, sondern durch den Empfang hinreichender Mittel. Und welche Schwierigkeiten macht dem Schenker die Durchführung der Rückforderung! Wird dem Beschenkten die Erfüllung des modus durch sein Verschulden unmöglich, so muß der rückfordernde Schenker nicht nur dies, sondern auch den Betrag, welcher zur Erfüllung des modus erforderlich gewesen wäre, nachweisen. Und ist nur theilweise Unmöglichkeit der Erfüllung vorhanden, so muß er, um den ganzen, zur Erfüllung des modus erforderlichen Betrag zurückfordern zu können, auch noch nachweisen, daß die theilweise Erfüllung des modus für ihn kein Interesse hat.[2])

Auch giebt es doch Auflagen, zu deren Erfüllung keinerlei vermögensrechtliche Aufwendung des Beschenkten erforderlich ist, z. B. Jemand schenkt der Universität eine Büste seines Vorfahrs, der sich um das Gedeihen der Anstalt besonders verdient gemacht hat, mit der Auflage, die Büste in der Aula aufzustellen. Der Senat acceptirt

[1]) Vergl. Bekker, Pandekten II § 104 Anm. 5.
[2]) Bei unverschuldeter Unmöglichkeit gilt § 323.

und stellt dann die Büste im Vorzimmer auf. Hier hätte der Schenker nur die Klage auf Erfüllung. Welcher Schenker wird aber in solchem Fall auf Erfüllung klagen wollen, um zu erzwingen, was ihm unbegreiflicher Weise nicht freiwillig gewährt wird? Vielmehr verlangt ein Mann von vornehmer Gesinnung in solchem Fall das Geschenk zurück.

Endlich aber kann die Auflage auch auf ein Unterlassen gerichtet sein. Z. B. Jemand schenkt 10000 Mark mit der Auflage, daß der Beschenkte die Anzeige eines von einem nahen Verwandten des Schenkers begangenen Diebstahls unterlasse. Für solche Fälle ist der Schenker in Zukunft rechtlos. Denn eine Rückforderungsklage hat er nicht, weil gar nichts von dem Geschenk zur Vollziehung der Auflage zu verwenden ist. Die Erfüllungsklage hilft ihm nichts, wenn der Beschenkte gleichwohl die Anzeige machte.[1]) Ohne Weiteres aber die Klage aus ungerechtfertigter Bereicherung zuzulassen, geht auch nicht an, da ja dieses Rückforderungsrecht durch das Prinzip des § 527 Abs. 1 ausgeschlossen ist. Ein Schaden wird aber dem Schenker in Fällen der Art auch nicht immer entstehen, so daß der Schenker an Stelle der Erfüllung das Interesse verlangen könnte.

B. Die Gebrauchsüberlassungsverträge.

§ 4 Abgrenzung.

Wende ich mich zu den Verträgen, welche Gebrauchsüberlassung zum Gegenstand haben, so wird man dabei nicht nur an Sachmiethe, Pacht und Leihe, sondern auch an das Darlehn, an den Dienst- und Hinterlegungsvertrag, den Werkvertrag, den Mäklervertrag und den Auftrag zu denken haben. Bei ihnen allen handelt es sich um den Gebrauch fremder Sachen oder fremder Arbeitskraft.

Im Allgemeinen ist die Abgrenzung dieser Vertragsarten vom Gesetz in sachgemäßer Weise vorgenommen; nur ist zu beachten, daß bei den auf Gebrauchsüberlassung gerichteten entgeltlichen Verträgen die Vergütung nicht in Geld zu bestehen braucht, was um so mehr zu billigen ist, als auch schon nach römischem Recht bei der Pacht eines fruchttragenden Grundstücks die Gegenleistung in einer Quote der Früchte bestehen kann (colonia partiaria)[2]) und ein Vertrag, bei

---

[1]) Oder es wird ein sehr werthvolles Oelgemälde geschenkt mit der Auflage, daß die Kopirung noch zehn Jahr lang unterbleiben solle. Der Beschenkte bringt sofort Kopien in den Handel.

[2]) §§ 535, 581 611, 631 und Mot. II, 372, 460, 472.

welchem der Gebrauch einer Sache gegen etwas Anderes als Geld versprochen würde, auch schon nach römischem Recht analog, dem Miethvertrag beurtheilt wurde.[1]) Allerdings kann es darnach vorkommen, daß ein Vertrag von der einen Seite als Sach-, von der anderen als Dienstmiethe oder locatio conductio operis erscheint.

Ueber die begriffliche Scheidung von Sachmiethe, Pacht und Leihe brauche ich kaum ein Wort zu verlieren. Neu ist die Beschränkung der locatio conductio rei auf körperliche Sachen, da nach § 535 in Verbindung mit § 581 Rechte nicht den Gegenstand der Miethe, sondern nur der Pacht sollen bilden können. Also auch der nur auf Gebrauch eines Rechts gehende Vertrag ist Pachtvertrag. Wer z. B. eine habitatio bestellt erhalten hat mit der ausdrücklichen Erlaubniß, Anderen die Ausübung des Wohnungsrechts zu gestatten, der schließt einen Pachtvertrag ab, wenn er gegen Entgelt die Ausübung des Wohnungsrechts einem Andern überläßt. (Vergl. §§ 1092 und 1093. Mot. II. 369.)

Der Gesetzgeber verfällt da gegenüber einem eingefleischten Romanisten in's andere Extrem. Denn dieser bezeichnet die auf Gebrauch allein oder auf Gebrauch und Fruchtziehung eines Gegenstandes gerichteten Verträge gleichmäßig als Miethsverträge, der Gesetzgeber bezeichnet etwas, was begrifflich Miethe ist, als Pacht. Und was ist die unentgeltliche Gestattung des Gebrauchs eines Rechts? Wenn § 598 auch die Leihe auf körperliche Sachen beschränkt, so hat damit die Möglichkeit der Leihe von Rechten, welche auch dem preußischen Landrecht (§§ 229 und 233 I. 21 zu vergl. mit §§ 1 ff. I. 2 des ALR.) bekannt war, nicht ausgeschlossen werden können, wie sich aus Mot. II. S. 444 Abs. 1 a. E. ergiebt. Warum sollte nicht ein Wohnungsrecht mit Erlaubniß des Belasteten verliehen werden können?[2])

Die Abgrenzung der auf Gebrauch fremder Arbeitskraft gerichteten Verträge ist beim Dienst- und Werkvertrag leicht. Denn während ersterer einzig und allein die fremde Arbeitskraft in der vertragsmäßigen Begrenzung zum Gegenstand hat, nicht das Recht auf Verschaffung fremder Arbeitskraft (sog. Dienstverschaffungsvertrag), also nicht Vertrag über die Handlung eines Dritten ist, so tritt bei dem Werkvertrag noch der durch Arbeit oder Dienstleistung — z. B.

[1]) L. 5 § 2 D. de praescript. verbis 19. 5. und Dernburg, Pandekten II § 111,

[2]) Vergl. auch Dernburg, Pandekten II. § 90 Anm. 4 (V. Auflage). Das Prekarium, welches vom BGB. gar nicht erwähnt wird, steht unter den Grundsätzen der Leihe. Es ist Leihe mit Vorbehalt des willkürlichen Widerrufs (§ 558 Entw. I.).

Beförderung von Personen oder Sachen — oder durch Herstellung oder Veränderung einer Sache zu erzielende Erfolg hinzu. Doch muß der Werkvertrag auch noch gegen den Kauf für den Fall abgegrenzt werden, daß der Unternehmer des Werkes auch das zur Herstellung desselben nöthige Material, nicht nur Zuthaten oder sonstige Nebensachen (§ 651 Abs. 2), liefert. Während das preußische Recht auch in diesem Fall einen Werkvertrag annahm, behandelte das römische und gemeine Recht solchen Vertrag als Kauf. Der Standpunkt des preußischen Rechts ist nicht haltbar, weil er den wesentlichen Unterschied ignorirt, welcher besteht, je nach dem der Unternehmer mit ihm geliefertem oder mit von ihm geliefertem Stoff das Werk herstellt. Denn in dem ersten Fall verwendet der Unternehmer seine Arbeit sofort in fremdes, im letzteren aber zunächst in sein eigenes Vermögen. Der von ihm gelieferte Stoff ist noch sein Eigenthum, und erst das ihm gehörige, fertig gestellte Werk überträgt er auf den Besteller.

Von diesem Gesichtspunkt aus käme man dazu, das Geschäft, je nachdem die verabredete Gegenleistung Geld oder etwas Anderes ist, als Kauf oder als Tausch 2c. zu qualifiziren. Indessen das Gesetz (§ 651) trägt im Gegensatz zum I. Entw. (§ 568) diesem Gesichtspunkt nur bei der Herstellung vertretbarer Sachen, die viele Abnehmer haben und deshalb leicht auf Vorrath gefertigt werden, volle Rechnung.

Bei der Herstellung nicht vertretbarer Sachen dagegen aus eigenem Material des Unternehmers sollen, weil die fertiggestellte Sache zunächst dem Unternehmer gehört, zwar auch die Grundsätze des Kaufvertrages prinzipiell zur Anwendung gelangen und der Unternehmer als Verkäufer, der Besteller aber als Käufer gelten. Jedoch sollen diese Grundsätze um deswillen durch eine Reihe von Vorschriften über den Werkvertrag modifizirt werden, weil der Verkäufer der von ihm herzustellenden Sache durch die Nothwendigkeit, dieselbe erst für den Käufer herzustellen, in dasselbe Verhältniß zum Letzteren tritt, wie der Unternehmer zum Besteller.

Aus diesen Erwägungen erklärt es sich, daß auch bei der Verdingung der Anfertigung von Sachen aus Material des Unternehmers der Letztere wie ein Verkäufer für Verschaffung freien Eigenthums einzustehen hat (§ 440 Abs. 2—4 und § 455), wobei den Besteller die Beweislast wegen des Mangels im Recht trifft (§ 442). Auch kann die Eviktionsleistungspflicht ausgeschlossen werden (§ 443).

Doch kommt dabei in Betracht, daß der Unternehmer meistens auch durch die Verarbeitung von Material dritter Personen für den Besteller Eigenthümer der hergestellten Sache durch Spezifikation geworden sein wird (§ 950). Weiter muß der Besteller die etwa in Geld zu leistende Vergütung Mangels Stundung von der Uebergabe an verzinsen (§ 452). Andererseits trägt nach den Grundsätzen des Werkvertrages der Verkäufer-Unternehmer die Gefahr bis zur Abnahme des Werks (§ 644)[1]) und auch die Gewährleistung für Mängel der Sache ist nicht nach den §§ 459, 460, 462—464 wie beim Kauf bestimmt, sondern nach den §§ 633—640. Endlich aber richtet sich die Verjährung der Gewährleistungsansprüche und die Wahrung der Einrederechte wegen der Mangelhaftigkeit nicht nach den §§ 477—479, sondern nach den §§ 638—639.

Schwierig ist die Abgrenzung der Dienstmiethe vom Verwahrungsvertrag. Denn auch der Letztere soll als entgeltlicher Vertrag abgeschlossen werden können, ohne dadurch in Dienstmiethe überzugehen. Und eine Vergütung gilt sogar als stillschweigend vereinbart, wenn die Aufbewahrung nach den Umständen nur gegen eine Vergütung zu erwarten war (§§ 688 und 689). Bei dieser Sachlage wird die Scheidung der Hinterlegung von der Dienstmiethe nur mit Rücksicht auf die dem Depositar obliegende Aufbewahrungspflicht geschehen können. Auf die genaue Fixirung derselben kommt es an, doch sagt das Gesetz nirgends, was es unter Aufbewahrung versteht. Sobald die dem Gegenkontrahenten auferlegten Pflichten über das Aufbewahren hinausgehen, wird der unentgeltlich abgeschlossene Vertrag sich als Auftrag, der entgeltlich abgeschlossene als Dienstmiethe qualifiziren. Das Gleiche muß gelten, wenn es sich um die Uebernahme unbeweglicher Sachen zur Aufbewahrung handelt. Denn während hinsichtlich der Zulässigkeit von Entgelt das Gesetz auf preußisch-rechtlichem Boden steht, folgt es andererseits in der Beschränkung des Gegenstandes des Verwahrungsvertrages auf bewegliche Sachen der herrschenden Meinung im gemeinen Recht.

Weiter berührt aber, wie bekannt, das Depositum sich auch mit dem Darlehen, wenn Geld oder andere vertretbare Sachen hinterlegt wurden mit der Verabredung, daß der Empfänger Eigenthümer derselben werden und nur tantundem eiusdem generis et qualitatis seinerzeit restituiren solle. Während das gemeine Recht hier mit

[1]) Die Transportgefahr regelt sich beim Werkvertrage ebenso wie beim Kauf (§ 644 Abs. 2).

Recht einen Hinterlegungsvertrag anerkennt, weil die Hingabe im eigenen Interesse des Gebers erfolgt, hat § 700 im Anschluß an das preußische LR. ein solches Geschäft, einerlei, ob die Verabredung ausdrücklich oder stillschweigend getroffen wurde, als Darlehen qualifizirt. Nur bei Werthpapieren ist ausdrückliche Vereinbarung geboten. Und wenn dem Depositar nur gestattet wird, die hinterlegten vertretbaren Sachen zu verbrauchen, so ist zwar zunächst ein wahrer Verwahrungsvertrag vorhanden, weshalb Deponent noch die Gefahr trägt, doch geht das Geschäft in ein Darlehen über, sobald der Depositar die hinterlegten Sachen sich aneignete. Daß in beiden Fällen Ort und Zeit der Rückgabe sich nach den Vorschriften über den Verwahrungsvertrag bestimmen sollen,[1]) nimmt freilich der Qualifikation dieser Verträge als von vornherein vorhandenes oder nachfolgendes Darlehen ihre hauptsächlichste praktische Bedeutung, zumal das Gesetz die Kompensation grundsätzlich auch beim Depositum zuläßt. Man wird deshalb diese beiden Fälle des Darlehens passend als Hinterlegungsdarlehen bezeichnen können.

Gänzlich an das gemeine Recht schließt sich das Gesetz an bei der Abgrenzung des Dienstvertrages vom Auftrag. Nach dem I. Entw. sollte bei beiden die Verabredung von Entgelt zulässig sein, bei beiden sowohl durch operae liberales als illiberales der Vertragsinhalt gebildet werden können. Die preußisch-rechtliche Beschränkung des Vollmachtsauftrages auf die Vertretung des Machtgebers dritten Personen gegenüber und ebenso die gemein-rechtliche Beschränkung des Mandats auf unentgeltliche Vornahme von Handlungen war also aufgegeben. Dagegen war alles Gewicht auf die freie Widerruflichkeit des Auftrages gelegt, dergestalt, daß der Auftraggeber gar nicht auf dieselbe sollte verzichten können (§ 597 I. Entw.). Gerade in der gemeinrechtlichen Doktrin wird diese freie Widerruflichkeit für das eigentliche Unterscheidungsmerkmal des Auftrages von der Dienstmiethe erachtet. Für die Praxis aber ist dieses Unterscheidungsmerkmal nicht genügend. Denn sie erhält dadurch keine Antwort auf die Frage, ob ein Vertrag über Dienstleistungen gegen Entgelt als widerruflicher oder unwiderruflicher gemeint ist, und die größten und

[1]) Beim Depositum kann der Deponent jederzeit zurückfordern, der Depositar jederzeit zurückgeben. War jedoch eine bestimmte Zeit der Aufbewahrung bestimmt, so ist vorzeitige Rückgabe dem Depositar nur aus wichtigen Gründen gestattet. Der Deponent muß die Sachen am Aufbewahrungsort abholen (§§ 695—697). Das Darlehen dagegen ist eine Bringschuld, rückzahlbar nach Kündigung.

häufigsten Zweifel über die Natur des abgeschlossenen Vertrages würden also bei dieser Regelung nicht ausbleiben. Demgegenüber halte ich es für einen Vorzug, daß im Gesetz die Unentgeltlichkeit zum Begriffsmerkmal des Auftrages erhoben ist (§ 662). Darin kann mich auch der Umstand nicht beirren, daß bei der Dienstmiethe (§ 612) stillschweigende Vereinbarung eines Entgelts anerkannt ist, falls die Dienstleistung nach den Umständen nur gegen Entgelt zu erwarten war, was namentlich dann zutreffen wird, wenn die Vornahme der Dienstleistung zum Gewerbebetrieb des sich Verpflichtenden gehört. Denn in solchem Falle würde so lange Dienstmiethe vorliegen, als die Entgeltlichkeit nicht ausgeschlossen wurde.

Die Frage nun, ob das Gesetz neben dem Merkmal der Unentgeltlichkeit noch dasjenige der Widerruflichkeit des Auftrags beibehält, ist zu verneinen. Denn der Verzicht auf das Widerrufsrecht ist nicht verboten. Von Natur allerdings ist der Auftrag widerruflich.

Ein Auftrag liegt aber nicht vor, wenn das auszuführende Geschäft lediglich im Interesse des mit seiner Vornahme Betrauten läge. Hier handelt es sich um Ertheilung eines Rathes, welcher allerdings zur Schadensersatzpflicht führen kann, wenn sie sich als unerlaubte Handlung qualifizirt (§ 676).

Mit der Erhebung der Unentgeltlichkeit zum Begriffsmerkmal des Auftrags[1]) ist nun m. E. auch die vielfach gemachte Unterscheidung zwischen Verabredung von Lohn und Honorar beseitigt. Auch wenn Honorar verabredet wäre, würde nach dem Gesetz ein Dienstvertrag vorliegen, zumal derselbe auch operae liberales umfaßt. Die Auffassung, daß bei gewissen Leistungen, z. B. der Thätigkeit des Lehrers, Geistlichen, Rechtsanwalts, Arztes unschätzbare Güter in Frage kommen, für die eben wohl ein Honorar verabredet, nicht aber

[1]) Mit der Unentgeltlichkeit des Auftrags harmonirt nicht mehr die Bestimmung des § 663 des Gesetzes (§ 587 E. I.), welche Jeden, der zur entgeltlichen oder unentgeltlichen Besorgung gewisser Geschäfte öffentlich bestellt ist oder sich öffentlich dazu erboten hat, verpflichtet, bei Vermeidung von Schadensersatzpflicht die Ablehnung dem Auftraggeber unverzüglich anzuzeigen. Also auch Derjenige, welcher sich zur entgeltlichen Besorgung gewisser Geschäfte, z. B. ein Bankier zur Besorgung von Werthpapieren, erboten hat, muß den Antrag eines Privaten, ihm unentgeltlich die Papiere zu besorgen, ablehnen, wenn er sich nicht schadensersatzpflichtig machen will. Ebenso der Rechtsanwalt. Fürwahr eine Quelle unsäglicher Belästigung. Der Paragraph ließe sich halten, wenn er lautete: Wer zur „unentgeltlichen" Besorgung 2c., er hätte aber in dieser Fassung kaum praktische Bedeutung. Denn er träfe im Wesentlichen die Beamten, welche ohnehin meistens unentgeltlich zur Ausführung ihres Amtes verpflichtet sind. Ausnahme z. B. die Gerichtsvollzieher.

ein Entgelt geleistet werden könne, ist aufgegeben. Uebrigens trägt das Gesetz dem Unterschied zwischen der Verpflichtung zu freier geistiger Thätigkeit und Diensten anderer Art dadurch Rechnung, daß der zu Diensten höherer Art Verpflichtete von dem Dienstvertrag jederzeit zurücktreten kann, wenn er nicht zu dem Berechtigten in einem festen Dienstverhältniß mit festen Bezügen, z. B. als Hausarzt mit Verabredung eines Jahreshonorars steht (§ 627). Ein Verzicht auf das freie Widerrufsrecht ist m. E. zulässig. Endlich geht in einem Fall der Dienst- und ebenso der Werkvertrag fast in einen Auftrag über, wenn nämlich eine Geschäftsbesorgung (?) Vertragsgegenstand ist (§ 675). Was aber das Gesetz unter Geschäftsbesorgung versteht, bleibt vollkommen im Dunkeln. Möglich, daß sich darin der preußisch-rechtliche Verwaltungsvertrag verbirgt (§§ 109 ff. I. 14 des preußischen ALR.), möglich, daß darunter auch nur die Vornahme von Geschäften rechtlicher Natur (Abschluß eines Vertrages, Kündigung eines Darlehns, Empfangnahme einer Zahlung 2c.) gemeint ist. Nur soviel ist zweifellos, daß die Geschäftsbesorgung in § 675 sich mit dem Geschäft in § 662 nicht deckt.

Mit dem Auftrag berührt sich der Mäklervertrag. Auch der Mäkler besorgt fremdes Geschäft auf Ansinnen eines Andern. Aber seine Bemühungen beschränken sich auf den Nachweis der Gelegenheit zum Abschluß eines Vertrages oder die Vermittlung des Vertragsabschlusses. Auch leistet er dieselben nur gegen Entgelt, Zahlung des Mäklerlohns. Deswegen fällt aber der Mäklervertrag noch nicht unter die Kategorie des Dienst- oder Werkvertrages. Denn trotz verschaffter Gelegenheit zum Abschluß des Vertrages, trotz beendigter Vermittlung wird der Mäklerlohn nicht geschuldet, wenn der Geschäftsherr den Abschluß des Vertrages verhindert oder selbst willkürlich verweigert.[1]) Vom Auftrag weicht übrigens der Mäklervertrag auch insofern ab, als der Mäkler nur dann Ersatz seiner Auslagen verlangen kann, wenn dies ausdrücklich verabredet wurde.[2]) Die Vorschriften des BGB. über die Mäkler lassen die Bestimmungen des Handelsgesetzbuchs über die Handelsmäkler unberührt. Nur die Gesinde-, Grundstücks- und Hypothekenmäkler 2c. werden also von dem BGB. getroffen. An sich auch die Heirathsvermittler. Doch

---

[1]) § 652. Der Abschluß des Vertrages erfolgt durch den Geschäftsherrn selbst. Der Mäkler ist also nicht sein Stellvertreter.

[2]) § 652 Abs. 2.

will das Gesetz dem häufigen Vorkommen von Ehevermittlungen gegen Entgelt entgegenwirken. Deswegen wird dem Vermittler jede Klage auf Zahlung des versprochenen Lohns versagt. Andererseits wird die condictio indebiti hinsichtlich des gezahlten Lohns ausgeschlossen.[1])

Endlich ist auch die Anweisung[2]) keineswegs eine Unterart des Auftrags. Zwar können in ihr zwei Auftragsverträge liegen, ein Inkassomandat zwischen dem Anweisenden (Assignanten) und dem Anweisungsempfänger (Assignatar) und ein Zahlungsmandat zwischen dem Anweisenden und dem Angewiesenen (Assignaten). Aber nöthig ist dies nicht. Die Ertheilung der Anweisung an den Anweisungsempfänger kann in dem Sinn erfolgen, daß derselbe nur berechtigt, nicht verpflichtet sein soll, die Einziehung vorzunehmen, wenn z. B. die Anweisung schenkungshalber ertheilt wird. Und andererseits kann der Angewiesene sich vor Ausstellung der Anweisung gegen Entgelt verpflichtet haben, die Anweisung zu honoriren. Dann liegt natürlich in der Honorirung auch nicht die Acceptation oder Erfüllung eines Auftrags, sondern die Erfüllung des der Anweisung voraus gegangenen Vertrags. Vielmehr braucht in der Anweisung nur eine Doppelermächtigung enthalten zu sein.

§ 5. Miethe und Pacht.

Beide Verträge folgen im Allgemeinen denselben Grundsätzen (§ 581 Abs. 2).

I. Form. Beide Verträge bedürfen, wenn sie über ein Grundstück auf länger als ein Jahr abgeschlossen werden, der Schriftform. Sonst gilt der Vertrag als auf unbestimmte Zeit abgeschlossen und muß wenigstens ein Jahr seit dem vertragsmäßigen Beginn der Mieths- oder Pachtzeit eingehalten werden. Mit Ablauf desselben erreicht der Vertrag auch nur dann seine Endschaft,[3]) wenn rechtzeitig gekündigt wurde. Bei Grundstückspachtungen aber muß spätestens am 1. Werktage des halben Jahres gekündigt werden, mit dessen Ablauf das 1. Pachtjahr endigt (§ 595). Beginnt also das Pachtjahr nach der vertragsmäßigen Festsetzung mit dem 1. Mai, so muß die Kündigung

---

[1]) § 656. Das Geschäft ist also keineswegs nichtig.

[2]) Das Gesetz §§ 783 ff. regelt nur die schriftliche, auf Geld, Werthpapiere oder andere vertretbare Sachen gerichtete Anweisung. Auch die Annahme derselben kann nur schriftlich geschehen.

[3]) §§ 582 Abs. 2, 566, 564 Abs. 2 und 565 Abs. 1.

spätestens am 1. November geschehen. Bei Miethe von Grundstücken, Wohnungen oder andern Räumen mit wenigstens $^1/_4$ jährlicher Miethzinszahlung ist die Kündigung nur für den Schluß eines Kalendervierteljahres zulässig (§ 565 Abs. 1). Wenn also das Miethsjahr am 1. Mai begann,[1]) so kann, da der Vertrag wenigstens ein Jahr ausgehalten werden muß und andererseits nur zum Schluß eines Kalenderquartals gekündigt werden darf, die Kündigung nur erfolgen zum 1. Juli des folgenden Jahres. Es ergiebt sich also das Resultat, daß bei Wohnungsmiethe das Minimum der einzuhaltenden Vertragszeit unter Umständen mehr beträgt, als bei Ackerpacht.

II. Die aus dem Mieth- oder Pachtvertrag sich ergebenden Verpflichtungen sind im Allgemeinen folgende:

1. Der locator muß dem conductor den Gebrauch der Sache mit Zubehör während der Vertragszeit vorleisten (§ 536). Gewährt er die Sache schuldhafter Weise überhaupt nicht, oder wird durch sein Verschulden die Erfüllung theilweis unmöglich, so hat der conductor die Rechte aus § 325. Der locator hat aber auch die Sache rechtzeitig in gebrauchsfähigem Zustand zu überliefern und sie während der Vertragszeit in diesem Zustand zu erhalten, jedoch nicht an Stelle der zufällig untergegangenen Sache eine andere zu gewähren. Ihn treffen die Reparaturen, soweit sie nicht durch ordnungswidrigen Gebrauch nöthig wurden (§ 548); bei der Pacht landwirthschaftlicher Grundstücke jedoch hat der Pächter die gewöhnlichen Ausbesserungen auf eigene Kosten zu bewirken (§ 582). Der locator hat ferner einzustehen für Eviktion (§ 541) und für physische Mängel sowie zugesicherte Eigenschaften. Versprechen bestimmter Größe eines Grundstücks gilt aber als Zusicherung einer Eigenschaft (§ 537). Abgesehen davon, daß der conductor natürlich auf Beseitigung des Mangels im Recht oder des Fehlers und Beschaffung der zugesicherten Eigenschaft klagen kann, stehen dem conductor folgende Ansprüche zu:

a) Das Recht auf Nachlaß am Miethzins. Verlangt wird hierfür, daß die Mieth- oder Pachtsache zur Zeit der Ueberlassung an einem den vertragsmäßigen Gebrauch aufhebenden oder mindernden Fehler[2]) leidet oder daß im Lauf des Vertrages ein solcher Fehler

[1]) In Bayern wird regelmäßig vom 1. Februar, 1. Mai ꝛc. an gemiethet.

[2]) Dazu gehören auch Rechte Dritter, welche dem conductor den vertragsmäßigen Gebrauch der Sache ganz oder zum Theil entziehen z. B. ein älteres Nießbrauchsrecht. (§ 541.)

entsteht, oder daß eine zugesicherte Eigenschaft bei der Ueberlassung fehlt oder später fortfällt (§ 537).

b) Das Recht, fristlos den Vertrag aufzukündigen, wenn der vertragsmäßige Gebrauch nicht rechtzeitig gewährt oder später wieder entzogen wird. Voraussetzung ist aber einmal erhebliche Vorenthaltung des Gebrauchs in gegenständlicher und zeitlicher Beziehung und ferner — es müßte sich denn um ein Fixgeschäft handeln (§ 361) — erfolglose Aufforderung an den locator um Abhülfe binnen angemessener Frist (§ 542). Worin die Gebrauchsschmälerung oder Entziehung ihren Grund hat, ist gleichgültig. Physische Mängel, Fehler von promissa, Eviktion, vorhandene Rechte dritter Personen, welche zwar nicht zur Eviktion führen, aber doch, wie gewisse Grundgerechtigkeiten den Gebrauch schmälern, auch theilweiser Untergang der Sache u. s. w. kommen in gleicher Weise in Betracht, und ob der locator sich in Schuld befindet oder nicht ist irrelevant.[1])

c) Das Recht auf Schadensersatz wegen Nichterfüllung (§§ 538 und 541), bei Leistung eines mit Mängeln behafteten Vertragsgegenstandes oder bei gänzlicher oder theilweiser Entwehrung desselben. Die zur Entwehrung führenden Rechte Dritter werden den faktischen Mängeln gleichgestellt und es gilt Folgendes:

War der Mangel im Recht oder der physische Mangel bereits zur Zeit des Vertragsschlusses da, oder fehlte die zugesicherte Eigenschaft bereits zu dieser Zeit, so haftet der locator auch ohne Verschulden.[2]) Trat der Mangel oder der Wegfall der zugesicherten Eigenschaft aber erst nach Abschluß des Vertrages ein, so haftet der locator nur dann auf Schadensersatz, wenn er entweder den Eintritt des Mangels oder den Fortfall der Eigenschaft verschuldete oder die Beseitigung des unverschuldet eingetretenen Mangels verzögerte. Vorausgesetzt ist dabei jedoch, daß der conductor den erst während der Vertragszeit auftauchenden Mangel im Recht oder Fehler der Sache oder Wegfall der zugesicherten Eigenschaft ohne schuldhaftes Zögern

---

[1]) Ueber den Rücktritt vom Vertrag, im Fall der Zins vorausbezahlt war, § 543 Abs. 2. Hier ist es für den Umfang des vom locator Zurückzuerstattenden bedeutungsvoll, ob die Gebrauchsentziehung mit seinem Verschulden oder ohne solches eintrat.

[2]) Nach römischem und preußischem Recht haftete der locator nur bei Verschulden, oder wenn er die Abwesenheit des Mangels versprochen hatte. l. 19, § 1, l. 25 § 2 D. locati conducti 19. 2. § 273 I. 21 verb. mit § 360 I. 5 des ALR.

dem locator anzeigte, widrigenfalls er insoweit seinen Anspruch verliert, als der locator wegen Unterlassung der Anzeige Abhülfe zu schaffen außer Stande ist (§ 545).

Sowohl Schadensersatz- als Kündigungs- als auch Remissionsberechtigung cessieren, wenn sie durch Vertrag ohne Arglist des locator ausgeschlossen wurden, oder wenn der conductor beim Abschluß des Vertrages den Mangel im Recht oder den physischen Fehler kennt.[1]) Das Recht des conductor auf Kündigung wegen physischer oder juristischer Mängel, auf Schadensersatz oder Remission wegen physischer Fehler fällt außerdem fort, wenn dem conductor ohne arglistiges Verschweigen des locator der Mangel in Folge eigener grober Fahrlässigkeit unbekannt geblieben war sowie, wenn der conductor den beim Vertragsschluß ihm unbekannten Mangel im Moment der Ueberlassung der Sache kennt und sich seine Rechte nicht vorbehält. Nur bei erheblicher Gesundheitsgefährlichkeit der gemietheten, zum Aufenthalt von Menschen bestimmten Räume (z. B. Fabrikräume, Schulräume) steht dem Miether trotz Kenntniß des Mangels beim Vertragsabschluß oder trotz Verzichtes auf Geltendmachung des Mangels das Kündigungsrecht zu (§ 544).

Danach bleibt also das Recht, aus der Entwehrung Remission oder Schadensersatz zu verlangen, bestehen, auch wenn dem conductor durch eigene grobe Fahrlässigkeit das zur Eviktion führende Recht des Dritten unbekannt geblieben ist, weil z. B. der Dritte als Eigenthümer des vermietheten Grundstücks im Grundbuch eingetragen war, sowie wenn er trotz Kenntniß des fehlenden Rechtes des auctor vorbehaltlos die Miethssache annahm.

2. Der locator hat die Lasten und Abgaben, welche auf dem Vertragsgegenstand ruhen, sowie die Gefahr, von welcher die Sache getroffen wird, zu tragen (§§ 546 und 323).

3. Auch muß der locator die Aftervermiethung oder Afterverpachtung an einen geeigneten subconductor gestatten, wenn er sich nicht der Aufkündigung des Vertragsverhältnisses innerhalb der gesetzlichen Frist aussetzen will (§ 549). Das Kündigungsrecht des conductor fällt natürlich fort, wenn im Mieth- oder Pachtvertrag von vornherein die sublocatio verboten war.

4. Ob der locator verpflichtet ist, dem conductor Verwen-

---

[1]) Kennt er den Mangel der versprochenen Eigenschaft, so kann er sich gleich wohl auf das Garantieversprechen verlassen.

dungen auf die Sache zu ersetzen, das richtet sich im Allgemeinen nach den Regeln der Geschäftsführung ohne Auftrag. Nothwendige Verwendungen hat er aber stets zu ersetzen und vom Ersatz der Futterkosten eines vermietheten oder verpachteten Thieres ist er stets befreit (§ 547). Das ius tollendi des conductor muß der locator dulden.[1])

II. Des conductor Verpflichtungen bestehen vor Allem in der Zahlung des Zinses, in der Einhaltung der vertragsmäßigen Benutzung, in der Verpflichtung, dem locator während der Vertragszeit sich zeigende Mängel der Sache oder Anmaßungen Dritter von Rechten an der Sache unverzüglich anzuzeigen, endlich in der Rückgewähr des Vertragsgegenstandes mit Zubehör nach Ablauf der Vertragszeit.

1. Auch der Zins ist Mangels entgegengesetzter Vereinbarung postnumerando nach Ablauf der Vertragszeit zu entrichten, er müßte denn nach Zeitabschnitten bemessen sein, z. B. wöchentlich, ein Fall, in welchem er nach dem Ablauf der einzelnen Zeitabschnitte zu entrichten ist — in Abweichung vom gemeinen Recht. Doch ist für Grundstücke, Wohnungs- oder andere Räume der nach Quartalen oder längeren Zeitabschnitten bemessene Mieth- oder Pachtzins nach dem Ablauf je eines Kalenderquartals und der nach Jahren bemessene Pachtzins eines landwirthschaftlichen Grundstücks nach dem Ablauf je eines Pachtjahres zu zahlen (§§ 551 und 584). Von dieser Verpflichtung zur Zinszahlung wird der conductor auch nicht durch einen in seiner Person liegenden Grund, selbst nicht durch einen Zufall, der ihn an der Benutzung der Sache hindert, z. B. Erkrankung, befreit. Nur insoweit dadurch der locator Aufwendungen erspart oder den Gebrauch der Sache anderweit verwerthet hat, braucht der conductor keinen Zins zu zahlen. Geht aber die Miethsache durch Zufall unter, so fällt die Zahlungspflicht des conductor für die Zukunft fort. Einen Remissionsanspruch des Pächters wegen casuellen Untergangs der noch nicht eingeheimsten Früchte erkennt das BGB. nicht an.

2. Bei der Benutzung des Vertragsgegenstandes hat conductor die im Verkehr erforderliche Sorgfalt zu beachten (§ 776) und namentlich jede Vertragswidrigkeit zu unterlassen, widrigenfalls er

---

[1]) Die Ersatzansprüche des conductor und sein ius tollendi verjähren in 6 Monaten seit Beendigung des Miethsverhältnisses (§ 558 .

sich schadensersatzpflichtig macht. Hat er, selbst mit Erlaubniß des locator, eine Weiter-Vermiethung oder Verpachtung vorgenommen, so haftet er für jedes Versehen des Afterkonduktor, wie wenn er es selbst begangen hätte, nicht also, wie bisher nach gemeinem Recht, nur für culpa in eligendo oder auf Abtretung seiner Klagen (§§ 549 und 558 Abs. 2 und l. 11 pr. D. loc. cond. 19. 2). Die Schadensklage des Vermiethers verjährt in 6 Monaten seit Rückgabe der Sache. Auch darf der Pächter landwirthschaftlicher Grundstücke nur mit Erlaubniß des Verpächters über die Pachtzeit hinaus greifende Aenderungen in der wirthschaftlichen Bestimmung des Grundstückes vornehmen (§ 583), also nicht einen Steinbruch oder einen Karpfenteich gegen Ende der Vertragszeit anlegen. Dagegen hat er weder Verschlechterungen durch vertragsmäßigen Gebrauch noch casuellem Untergang zu vertreten (§ 548). Ausnahmen: §§ 586 bis 589: Verpachtung mit Inventar.

3. Hinsichtlich der Rückgabepflicht des conductor nach Beendigung des Vertragsverhältnisses ist Folgendes zu bemerken:

Soweit der conductor vom locator zu ersetzende Verwendungen auf die Sache gemacht hat, steht ihm ein Rückbehaltungsrecht zu, die Vertragssache müßte denn ein Grundstück sein. Der Pächter eines landwirthschaftlichen Grundstückes hat die Rückgewähr nicht in einem dem Zustand bei Ueberlassung des Grundstückes gleichen Zustand zu bewirken, sondern in dem Zustand, welcher ordnungsmäßiger Bewirthschaftung während der Pachtzeit entspricht. Endigt also der Vertrag vor Ablauf des Pachtjahres, so sind die ordnungsmäßiger Bewirthschaftung gemäß auf dem Grundstücke stehenden unreifen Früchte mit herauszugeben (§§ 591 und 592), sollte auch das Grundstück dem Pächter unbestellt übergeben sein. Der Pächter hat jedoch Anspruch auf Ersatz der Bestellungskosten (§ 592).

Daß der Pächter eines Landgutes bei Rückgewähr dieses auch so viel von den vorhandenen Erzeugnissen zurücklassen muß,[1]) als zur Fortsetzung der Wirthschaft bis zur nächsten Ernte gebraucht wird und sämmtlichen vorhandenen, auf dem Gute gewonnenen Dünger, ist eine im landwirthschaftlichen Interesse eingefügte Bestimmung.[2])

Verzögert der conductor die danach ihm obliegenden Rückgabe-

---

[1]) Eventuell hat er einen Anspruch auf Ersatz des Werthes § 593 Abs. 3.

[2]) § 593. Ueber Rückgewähr eines Landgutes nach Taxe (§ 594).

verpflichtungen, so kann natürlich der locator auf ihre Erfüllung klagen. Doch ist dieses Klagerecht des locator auch gegen den subconductor erstreckt,[1]) obwohl die sublocatio keineswegs ein Vertragsverhältniß zwischen dem locator und subconductor herstellt. Daneben kann der locator noch Schadensersatz wegen der verspäteten Rückgewähr verlangen. Derselbe beträgt mindestens: bei Miethen den vereinbarten Miethzins, der für die Zeit der Vorenthaltung zu zahlen wäre, wenn der Vertrag weiter liefe (§ 557), bei der Pacht dagegen denjenigen Theil des vereinbarten Pachtzinses, welcher sich nach dem Verhältniß ergiebt, in welchem die Nutzungen, die der Pächter während der Dauer der Vorenthaltung hätte ziehen können, zu den Nutzungen des ganzen Pachtjahres stehen. Wenn also der Pächter während der Dauer der Vorenthaltung die ziehbare Quote der Gesammtnutzung mit $^3/_4$ wirklich gezogen hat, so hat er auch $^3/_4$ des Pachtzinses zu zahlen (§ 597).

III. Sicherungsmittel. 1. Zur Sicherung der Zinsforderung hat der Vermiether von Wohnungs- oder anderen Räumen, sowie der Vermiether oder Verpächter von Grundstücken ein gesetzliches Pfandrecht an den eingebrachten, der Pfändung nach § 715 der CPO. nicht unterworfenen Sachen des conductor, nicht des subconductor (§ 559). Das Pfandrecht des Verpächters eines landwirthschaftlichen Grundstücks ergreift auch die der Pfändung nach § 715 Nr. 5 der CPO. nicht unterworfenen Sachen des Pächters,[2]) sowie die Früchte des Grundstücks (§ 585). Die durch das Pfand gesicherte Forderung umfaßt aber nur den rückständigen und den Zins des laufenden und folgenden Vertragsjahres, bei Pachtungen landwirthschaftlicher Grundstücke jedoch den gesammten Pachtzins für Vergangenheit und Zukunft (§§ 559 und 585). Auch das Zusammentreffen dieses Pfandrechts des Verpächters eines landwirthschaftlichen Grundstücks mit dem Pfändungspfandrecht eines anderen Gläubigers führt nicht zu einer Beschränkung, während beim Zusammentreffen des Pfandrechts eines Vermiethers oder Verpächters von Wohnungs- oder anderen Räumen oder nichtlandwirthschaftlichen Grundstücken mit einem Pfändungspfandrecht das gesetzliche Pfandrecht des Vermiethers 2c. nur den Zins des letzten Jahres vor der Pfändung sichert (§§ 563 und 585).

[1]) § 556 Abs. 2.

[2]) Nach l. 7 pr. D. in quib. caus. 20. 2 erstreckt sich das Pfandrecht des Verpächters eines landwirthschaftlichen Grundstücks nur auf die Früchte.

Das Pfandrecht erlischt, sobald die Sachen von dem Grundstück mit Wissen und ohne Widerspruch des Pfandgläubigers entfernt werden. Der locator kann die Entfernung auch im Wege der Selbsthülfe verhindern (§ 561). Ausnahmsweise werden auch wider Wissen und Willen des Pfandgläubigers fortgeschaffte Sachen vom Pfandnexus frei. Dies trifft zu, wenn der Gläubiger einen Monat von erlangter Kenntniß der Fortschaffung an hat verstreichen lassen, ohne den Anspruch auf Herausgabe, sei es behufs Zurückschaffung auf das vom conductor noch bewohnte Grundstück, sei es behufs eigener Besitzergreifung, wenn der conductor ausgezogen ist, gerichtlich geltend zu machen. Der Anspruch (actio hypothecaria) richtet sich gegen Jeden, welcher die Pfandsachen hinter sich hat (§ 561, Abs. 2). Ebenso tritt die Befreiung ein, wenn die zurückgebliebenen Pfandsachen zur Sicherung des locator offenbar ausreichen, oder auch ohne dies, wenn die Entfernung der Sachen im regelmäßigen Geschäftsbetrieb des conductor[1]) oder den gewöhnlichen Lebensverhältnissen entsprechend[2]) erfolgt war (§ 560). Endlich kann der conductor jeder Zeit jede einzelne Pfandsache dadurch befreien, daß er in Höhe ihres Werthes oder für die Forderung Sicherheit leistet (§ 562).

2. Ausnahmsweise kann auch dem Pächter ein Pfandrecht zustehen, wenn er nämlich mit der Pacht des Grundstückes das Inventar zum Schätzungswerth unter der Verpflichtung übernommen hat, es bei der Beendigung der Pacht ebenfalls nach dem zu ermittelnden Schätzungswerth zurückzugewähren. In solchem Falle bleibt der Verpächter Eigenthümer des Inventars, während der Pächter die Gefahr des Unterganges und der Verschlechterung trägt. Soweit dann bei der Rückgewähr die Taxe hinter der zur Zeit der Uebernahme aufgenommenen Taxe zurückbleibt, ist der Pächter ersatzpflichtig, im umgekehrten Falle dagegen ersatzberechtigt. Und zur Sicherung dieser Ersatzforderung hat der Pächter ein gesetzliches Pfandrecht an den in seinem Besitz befindlichen Inventarstücken (§§ 587—590). Vergl. auch § 41 Nr. 3 der Konk.-O.

---

1) z. B. der Miether eines Ladens verkauft von seinen Waaren oder der Pächter eines Grundstücks verkauft den überschüssigen Viehstand.

2) z. B. der Miether zieht im Winter seinen Pelz an und geht darin aus, er verreist und nimmt seinen Koffer mit. — Kehrt der Miether mit diesen Sachen zurück, so wird mit der Illation ein anderes Pfandrecht begründet.

IV. Ueber die Beendigung des Mieth- oder Pachtverhältnisses gelten, abgesehen von der Beendigung durch Untergang der Sache oder durch freiwillige Vereinbarung folgende Grundsätze:

Das Verhältniß endigt:

1. Durch Ablauf der festgesetzten Vertragszeit. Dieselbe darf, um erbliche Mieths- oder Pachtverhältnisse auszuschließen, längstens auf die Dauer von 30 Jahren oder auf Lebenszeit des conductor festgesetzt werden. Im letzteren Fall ist der Vertrag auszuhalten, auch wenn der conductor länger als 30 Jahre leben sollte (§§ 564 Abs. 1 und 567).

Uebrigens ist, damit der Vertrag durch Zeitablauf zu Ende geht, Voraussetzung, daß keine stillschweigende Verlängerung desselben (relocatio tacita) stattfand. Dieselbe wird, als auf unbestimmte Zeit geschehen, angenommen, wenn der conductor nach Ablauf der Vertragszeit Gebrauch oder Nutzung fortsetzt und von keiner Seite binnen zweiwöchiger Frist der Gegenpartei die Absicht, den Vertrag nicht fortsetzen zu wollen, erklärt wird.[1]) Erfolgt eine solche Erklärung, so liegt keine stillschweigende Verlängerung vor, und der conductor ist dann dem locator in vollem Umfang schadensersatzpflichtig.[2])

2. Durch Kündigung innerhalb der gesetzlichen Kündigungsfristen. Das Gesetz stellt im Anschluß an die Partikulargesetzgebung, aber im Gegensatz zum römischen Recht gesetzliche Kündigungsfristen auf. Und zwar muß die Kündigung, um rechtzeitig zu sein, spätestens erfolgen: bei der Pacht von Grundstücken oder Rechten am 1. Werktage desjenigen Halbjahrs, mit dessen Schluß das Pachtjahr endigt (§ 595). Bei der Miethe von Grundstücken, Wohnungs- oder andern Räumen spätestens am 3. Werktage des Kalenderquartals, mit dessen Schluß geräumt werden soll. Ist jedoch der Miethzins nach Monaten bemessen, so muß spätestens am 15. des Monats gekündigt werden, mit dessen Schluß der Vertrag endigen soll und ist der Miethzins nach Wochen bestimmt, spätestens am 1. Werktage der Kalenderwoche, mit deren Ablauf geräumt werden soll. Bei Miethe oder Pacht beweglicher Sachen muß 3 Tage im Voraus gekündigt werden (§§ 565 und 581 Abs. 2). Ist aber der Miethzins einer beweglichen oder unbeweglichen Sache nur nach Tagen bemessen, so kann schon für

[1]) Ueber den Beginn des Fristlaufs § 568 letzter Satz. Ueber die Berechnung der Frist § 188.

[2]) Siehe S. 47.

den folgenden Tag gekündigt werden. Eine solche Kündigung ist erforderlich, wenn der Vertrag auf länger als dreißig Jahr oder auf unbestimmte Zeit abgeschlossen wurde oder wegen Mangels der Schriftform als auf unbestimmte Zeit geschlossen gilt und steht jeder der Parteien zu. Sie ist ferner gestattet: a) dem Miether bei grundlos verweigerter Erlaubniß zur Untervermiethung; b) dem Vermiether — nicht dem Verpächter — und dem Erben des Miethers oder Pächters beim Tode des conductor; c) Militärpersonen, Beamten, Geistlichen und Lehrern an öffentlichen Unterrichtsanstalten, hinsichtlich der von ihnen am bisherigen Garnison- oder Wohnort gemietheten Wohnungs- und anderen Räume im Fall ihrer Versetzung nach einem andern Ort. In den zu b) und c) genannten Fällen fällt aber das Kündigungsrecht fort, wenn der erste Kündigungstermin nach dem zur Kündigung berechtigenden Ereigniß nicht benutzt wurde. Wenn also z. B. die Versetzung eines Militärs zum 1. April erfolgt, so muß er seine auf mehrere Jahre gegen vierteljährliche Zinszahlung gemiethete Wohnung spätestens am 3. April kündigen.[1])

3. Durch einseitige empfangsbedürftige Rücktrittserklärung vor Ablauf der Vertragszeit, vom Gesetz: Kündigung (ohne Einhaltung einer Kündigungsfrist) genannt. Und zwar hat dieses Rücktrittsrecht der locator: a) wegen Mißbrauch der Sache Seitens des conductor, wozu auch unerlaubte sublocatio gehört, oder Seitens dessen an den der conductor erlaubter Weise die Sache überlassen hat, vorausgesetzt, daß eine Ermahnung zur Einstellung des Mißbrauchs erfolglos war; b) wegen Vernachlässigung der Sache Seitens dieser Personen; c) wegen Verzugs des conductor mit der Entrichtung des Pacht- oder Miethzinses oder eines Theils desselben für zwei aufeinander folgende Termine, vorausgesetzt, daß zur Zeit der Rücktrittserklärung die Nachzahlung des Zinses noch nicht erfolgt ist. Der Umstand, daß dem conductor eine kompensable Gegenforderung zusteht, schließt die Kündigung nicht aus. Doch ist dieselbe dann wirkungslos, wenn der conductor unverzüglich nach der Aufkündigung die Aufrechnung erklärt (§§ 553 und 554).[2])

Dem conductor steht das Kündigungsrecht zu wegen verspäteter

---

[1]) §§ 549 und 596 Abs. 1, 569 und 596 Abs. 2, 570 und 596 Abs. 3.

[2]) Die gemeinrechtlichen Rücktrittsgründe des locator wegen Nothwendigkeit einer mit dem Gebrauch unverträglichen Reparatur und wegen unvorhergesehenen eigenen Bedürfnisses (l. 3 C. de locato et conducto 4,65) sind also beseitigt.

Verschaffung[1]) oder wegen Wiederentziehung des vertragsmäßigen Gebrauchs der Sache.

V. Kauf bricht nicht Miethe.

Während nach gemeinem Recht der umgekehrte Satz galt, sodaß der Erwerber einer vermietheten Sache berechtigt war, dem conductor vermöge seines stärkeren dinglichen Rechts den Gebrauch der Sache zu entziehen und ihn auf die Interesseforderung an den locator zu verweisen, hat das BGB. im Anschluß an das preußische ALR. dem conductor, dem bereits die Sache übergeben war, trotz Eigenthumswechsels auf Seiten des locator das Recht zur Fortsetzung des Gebrauchs oder der Nutzung der Sache eingeräumt. Ein solcher Eigenthumswechsel nach Ueberlassung der Sache an den conductor vollzieht sich bei beweglichen Mieth- oder Pachtsachen durch Abtretung des dem locator zustehenden Herausgabeanspruchs (§ 931), bei Grundstücken durch Auflassung und daran schließende Eintragung des Erwerbers (§§ 925 und 873). In solchem Fall kann der conductor der beweglichen Sache dem Erwerber dieselben Einreden entgegen setzen, welche ihm gegenüber dem abgetretenen Anspruch zustehen (§ 986 Abs. 2). Das Gesetz läßt also gegenüber der dinglichen Klage des Successors im Eigenthum des locator eine Einrede aus dem zwischen seinem auctor und dem conductor bestehenden obligatorischen Rechtsverhältniß zu und durch diese Einrede der res locata kann der conductor die Herausgabe der beweglichen Sache vermeiden. Handelt es sich aber um locatio et conductio eines Grundstücks, so hilft das Gesetz im Fall der Veräußerung nach an den conductor erfolgter Ueberlassung durch die Vorschrift, daß der Erwerber an Stelle des locator in die während der Dauer seines Eigenthums aus dem Mieth- oder Pachtvertrag sich ergebenden Rechte und Verpflichtungen eintritt (§ 571 Abs. 1).

Mit einer etwaigen Anerkennung der Grundstücksmiethe oder Pacht als dinglicher Rechte hat dieser Satz nichts zu thun. Denn das Gesetz verlangt zur Erwerbung eines dinglichen Rechts an einem Grundstück die Eintragung im Grundbuch und kennt den preußischrechtlichen Satz, daß jedes Recht zur Sache durch Eintragung dinglich werde, nicht. Wohl aber sind damit die Miethe und Pacht von Grundstücken zu Zustandsobligationsverhältnissen erklärt. Und zwar vollzieht sich die Metamorphose des einfachen obligatorischen Verhältnisses in ein

[1]) Auch der Mangel einer zugesicherten Eigenschaft, z. B. Heizbarkeit eines Raumes kann darunter fallen.

Zustandsverhältniß mit der Uebergabe des Grundstücks an den conductor. Die zweiseitige Obligation ist verknüpft mit dem jeweiligen Eigenthum am Grundstück. Der locator ist also aus dem Vertrag nur für die Zeit seines Eigenthums berechtigt und verpflichtet. Geht das Eigenthum auf einen Andern in Folge der Veräußerung über, so ist nun dieser für diejenige Zeit des Vertragsverhältnisses berechtigt und verpflichtet, welche in die Dauer seines Eigenthums fällt u. s. w. Deswegen haftet der Grundstückserwerber für die Erfüllung der während der Dauer seines Eigenthums sich ergebenden Vertragspflichten persönlich und mit seinem ganzen Vermögen, nicht nur mit dem Grundstück wie bei einem dinglichen Recht. Deswegen sind andererseits Vorausverfügungen des locator über die in die Eigenthumszeit seines Rechtsnachfolgers fallenden Zinsraten (z. B. durch Cession, Verpfändung) und Vorausbezahlungen des Zinses Seitens des conductor an den locator dem Grundstückserwerber gegenüber grundsätzlich unwirksam. Der conductor muß an den Erwerber des Grundstücks, die während dessen Eigenthums fällig werdenden Zinsraten nochmals leisten[1]) und der Erwerber des Grundstücks ist trotz der Verfügung seines auctor Gläubiger der auf seine Eigenthumszeit entfallenden Zinsratenforderungen geworden. Eine Vorausbezahlung im Sinne des Gesetzes ist aber jede Zahlung, welche vor dem vertragsmäßigen, oder in Ermangelung vertragsmäßiger Festsetzung vor dem gesetzlichen Zahlungstermin erfolgt. Wenn also der Miethvertrag dahin ging, daß der Miether einer Wohnung für 5 Jahre sofort den ganzen Miethzins vorausbezahlen solle, so ist eine derartige Zahlung gültig. Denn auch die nach gesetzlicher Vorschrift mit der Uebergabe des Mieth- oder Pachtgrundstücks an den conductor ins Leben tretende Zustandsobligation entnimmt ihren concreten Inhalt dem obligatorischen Begründungsvertrag. Nach der vertragsmäßigen Festsetzung wird hier eben, wenn der locator nach Zahlung des Zinses sein Grundeigenthum einem Andern überträgt, während der Dauer von dessen Eigenthum keine Zinsrate mehr fällig. In solchem Fall hat also der Erwerber kein Recht auf eine Gegenleistung.

Der Rechtsnachfolger tritt in das Miethsverhältniß ein. Er hat also nicht nur das Recht auf die während seiner Eigenthumszeit fällig werdenden Zinsraten, sondern ihm steht das Kündigungsrecht zu,

[1]) Die Ausnahmen der §§ 573—575 sind behufs Befriedigung praktischer Bedürfnisse gemacht.

seiner Zustimmung bedarf es zu Aftervermiethungen ꝛc. Die Zinsraten stehen ihm auch keineswegs als Cessionar zu, sondern aus eigenem Recht, so, als ob für ihn die Forderung von vorn herein entstanden wäre. Deswegen können seiner Klage auf Zahlung des Miethzinses nicht Einreden aus der Person seines Rechtsvorgängers, wohl aber solche aus dem Vertrag und seiner Beschaffenheit entgegengesetzt werden. Er hat z. B. eine gegen den auctor zustehende Retentionseinrede nicht zu fürchten, wohl aber die einredeweise Anfechtung des Vertrags wegen Betrugs. Denn der zwischen locator und conductor abgeschlossene Vertrag ist und bleibt die Grundlage der Zustandsobligation. Ist dieser mit Mängeln behaftet, so ist auch die Zustandsobligation mangelhaft. Dagegen wäre die Formulirung, daß es für die Dauer der Succession in allen Beziehungen so angesehen werde, als habe der Erwerber den Vertrag selbst abgeschlossen, verfehlt. Leidet der Miethsvertrag an einer Nichtigkeit, die vom locator verschuldet wurde, so sind etwaige Schadensansprüche des conductor nur gegen den locator nicht gegen den Grundstückserwerber begründet. Und weiter: veräußert der Erwerber während der Vertragszeit das Grundstück weiter, so haftet nicht er dem conductor als Bürge des zweiten Erwerbers, sondern der locator, falls dessen Haftpflicht noch nicht erloschen ist (§ 579).

Eine Konsequenz aus der Zustandsobligation ist es, daß weder der Erwerber eines vermietheten oder verpachteten Grundstücks für rückständige Verpflichtungen aus der Zeit des auctor, noch der auctor für Verpflichtungen aus der Zeit des successor haftet. Durch letzteren Umstand könnte aber eine schwere Schädigung des conductor herbeigeführt werden, wenn der successor zur Erfüllung seiner aus der Zustandsobligation sich ergebenden Pflichten unfähig wäre. Deshalb verfügt das Gesetz (§ 571 Abs. 2), daß der locator für den vom Erwerber wegen Nichterfüllung seiner Verpflichtungen zu ersetzenden Schaden wie ein Bürge, welcher auf die Einrede der Vorausklage verzichtete, zu haften hat.[1]) Eine weitere Gefährdung des conductor, der möglicher Weise von dem stattgehabten Eigenthumswechsel nicht unterrichtet wurde, wird dadurch vermieden, daß auch nach dem Eigenthumswechsel zwischen locator und gutgläubigem conductor über den Miethszins vorgenommene Rechtsgeschäfte — z. B. Zinszahlung, aber auch Erlaß oder Stundung — bis zu einem Halb-

[1]) Ueber die Beschränkung dieser Haftung § 571 Abs. 2 letzter Satz. Sie erinnert an § 41 des preußischen Eigenthumserwerbsgesetzes vom 5. Mai 1872.

jahreszins, beginnend mit dem Kalenderquartal, in welchem der conductor den Eigenthumswechsel erfuhr, für gültig erklärt werden. Und die Kehrseite der Medaille ist, daß der conductor auf die Anzeige des locator vom Eigenthumswechsel sich unbedingt muß verlassen können. Deshalb leistet er gültig an den ihm als Erwerber Bezeichneten, sollte auch der Eigenthumswechsel nicht erfolgen oder nicht wirksam sein. Es macht dabei keinen Unterschied, ob der conductor die Unrichtigkeit der Anzeige kennt oder nicht. Schon dies dürfte, wie ich glaube, über das Ziel hinausschießen. Jedenfalls aber geht das Gesetz zu weit, wenn es die Zurücknahme der Anzeige Seitens des locator nur mit Zustimmung des als Erwerber Genannten zuläßt (§ 576). Der Erwerber kann ja selbst durch Denunziation des Eigenthumswechsels sich helfen.

Der Veräußerung des Grundstücks nach seiner Ueberlassung an den conductor steht seine Belastung mit einem dinglichen Recht gleich, dessen Ausübung dem conductor den vertragsmäßigen Gebrauch entziehen würde, z. B. einem Erbpachtrecht oder Nießbrauchsrecht, nicht dagegen mit einer Wegegerechtigkeit. Hier tritt der dinglich Berechtigte für die Dauer seiner Berechtigung in das Mieth- oder Pachtverhältniß ein (§ 577). Die Bestimmung wäre, soweit es sich um das Benutzungsrecht des conductor handelt, überflüssig, wenn es sich in der That bei Miethe und Pacht noch wie nach dem preußischen Recht um dingliche Rechte handelte. Denn dann ginge der conductor kraft seines Miethbesitzes als älterer dinglich Berechtigter dem Erbpächter oder Nießbraucher ohne Weiteres vor.

§ 6. Dienst- und Werkvertrag.

Die Regelung dieser beiden Verträge im BGB. ist unter Aufrechterhaltung der reichsgesetzlichen Bestimmungen über die besonderen, unter den Dienst- oder Werkvertrag fallenden Verhältnisse, ja, was das Gesinderecht anbelangt, selbst unter grundsätzlicher Aufrechterhaltung der landesgesetzlichen Vorschriften erfolgt. Das BGB. greift also nur für die danach nicht konservirten Verhältnisse Platz.

Obwohl beide Verträge aus derselben Wurzel entsprossen sind, — Wächter, Pandekten II § 209 Beil I Nr. VI bezeichnet die locatio c. operis sogar als einen Fall der loc. cond. operarum — so zeigen sich doch bei beiden die weitgehendsten Verschiedenheiten. Zwar sind beide auf Vor- und Nachleistung basirt (§§ 614 und 641). Deshalb haben der Dienstpflichtige und der Werkmeister die Dienste und das bedungene Werk in der versprochenen Art und Zeit zu leisten und erst dann Anspruch auf Entgelt. Erfüllen sie diese Verpflichtungen nicht, so finden auf Beide die allgemeinen Vorschriften über Fahrlässigkeit, schuldhafte Unmöglichkeit der Erfüllung und Verzug (§§ 276, 325 und 326) Anwendung. Doch kann der Besteller eines Werkes bei nicht rechtzeitiger Herstellung desselben auch ohne Weiteres vom Vertrag zurücktreten (§ 636). Weiter sind zwar die Bestimmungen hinsichtlich des zu leistenden Entgelts sogar wörtlich gleichlautend. Denn wenn dasselbe vereinbart, in seiner Höhe aber nicht normirt ist, so soll beim Bestehen einer Taxe[1]) die taxmäßige, sonst die übliche Vergütung geleistet werden. Auch soll stillschweigend Vereinbarung einer Vergütung angenommen werden, wenn der Dienst- oder Werkherr nach den konkreten Umständen die Dienstleistung oder die Herstellung des Werkes nur gegen Entgelt erwarten konnte (§§ 612 und 632). Dies trifft aber zu, wenn entweder die Ausführung derartiger Werk- oder Dienstleistungen gewerbsmäßig vom Unternehmer oder Dienstpflichtigen betrieben wird und kein Grund zu der Annahme einer Ausnahme für den konkreten Fall vorhanden ist, oder wenn in dem konkreten Fall die Ausführung der übernommenen Dienste oder die Leistung des Werks zwar außerhalb des Gewerbebetriebs des Unternehmers liegt, aber doch der ganzen Sachlage nach nur gegen Entgelt erwartet werden konnte.[2]) Andererseits aber zeigt sich doch schon insofern wieder eine Abweichung, als bei der Dienstmiethe die Vergütung nach Zeitabschnitten — z. B. bei Arbeiten im Tagelohn — bemessen werden kann, so daß sie nach dem Ablauf der einzelnen Zeitabschnitte zu entrichten ist, während beim Werkvertrag die Vergütung erst bei der Abnahme[3]) des Werks, oder, wenn eine solche wegen der Natur des zu leistenden Werks ausgeschlossen ist, erst nach der Vollendung desselben zu leisten ist (§§ 614 und 641). Die Abnahme ist aber regelmäßig[4]) ausgeschlossen, wenn

---

[1]) z. B. Droschkentarif.

[2]) Darüber, daß bei der Dienstmiethe der Dienstherr auch die Fürsorgepflicht für erkrankte Dienstpflichtige hat, vergl. oben S. 6.

[3]) Die Abnahme des Werks ist gleichbedeutend mit der Annahme desselben. Es ist die thatsächliche Entgegennahme desselben. Abnahme vom Standpunkt des Unternehmers, Annahme vom Standpunkt des Bestellers aus. Eine Pflicht zur An- oder Abnahme besteht nur bei vertragsmäßiger Beschaffenheit des Werks. Auch der Käufer muß die Waare abnehmen (§ 433 Abs. 2).

[4]) Beim Gütertransportvertrag fallen Vollendung und Abnahme nicht zusammen.

es sich nicht um Herstellung oder Veränderung von Sachen handelt, sondern um einen andern durch Arbeit oder Dienstleistung zu erzielenden Erfolg, z. B. eine Personenbeförderung, eine Musteraufführung von Goethes Faust ꝛc. Auch für nicht geleistete Dienste kann der Dienstpflichtige bisweilen Bezahlung verlangen (§ 616), der Unternehmer nie. Ebenso hat er bei der Beendigung eines dauernden[1]) Dienstverhältnisses das Recht auf ein schriftliches Dienstzeugniß; dem Unternehmer steht die Befugniß, ein Attest über seine Leistung zu verlangen, nicht zu (§ 630). Und bei der Dienstmiethe ist die Vermuthung für persönliche Dienstleistung des Verpflichteten, der Anspruch auf die Dienste im Zweifel nicht cessibel, beim Werkvertrag gilt überall das Gegentheil (§ 613).

Der Grund dieser Abweichungen liegt darin, daß beim Werkvertrag ein fertig zu stellendes Werk den Gegenstand des Vertrages bildet. Dadurch nähert sich der Werkvertrag dem Kaufvertrag und diese innere Verwandtschaft hat für den Werkvertrag noch zu folgenden Bestimmungen geführt:

I. Wie beim Kauf der Verkäufer die Gefahr bis zur Uebergabe, so trägt beim Werkvertrag der Unternehmer die Gefahr bis zu der Abnahme bezw. Vollendung des Werks, oder dem Eintritt des Annahmeverzugs oder der Absendung des Werks auf Verlangen des Bestellers nach einem andern, als dem gesetzlichen oder vertragsmäßigen Erfüllungsort. Geht also das Werk vor diesem Zeitpunkt durch Zufall unter, so hat der Unternehmer keinen Anspruch auf Entgelt; wird es vorher durch Zufall verschlechtert, so kann er die Abnahme des Werks nicht verlangen und also auch nicht das verabredete Entgelt (§ 644), es müßte denn der Untergang oder die Verschlechterung durch die Mangelhaftigkeit des vom Besteller gelieferten Stoffes oder durch die Fehlerhaftigkeit seiner Anweisungen hervorgerufen sein (§ 645). Wo das Werk vom Zufall getroffen wird, ob in dem Gewahrsam des Bestellers — z. B. in seiner Wohnung, soll nach dem Vertrag das Werk gefertigt werden, — oder in derjenigen des Unternehmers, das ist m. E. gleichgültig und vom Gesetz mit Recht nicht unterschieden.

---

[1]) Der Begriff des dauernden Verhältnisses ist erst in der II. Lesung ins Gesetz gekommen. Er ist nirgends fixirt. Jedenfalls kommt es nicht darauf an, ob es längere Zeit gedauert hat, sondern nur darauf, ob es auf Dauer angelegt war. Feste Bezüge gehören nicht zum Begriff des dauernden Verhältnisses. Auch die Möglichkeit, es durch Kündigung in kürzester Frist zu lösen, ist gleichgültig.

II. Wie der Verkäufer für Mängel der Kaufsache, so haftet der Unternehmer für Mängel des Werks, welche den Werth oder die Tauglichkeit, sei es auch nur unerheblich,[1]) mindern. Der Besteller hat die Wahl zwischen Wandlung und Minderung, und bei Verschulden des Unternehmers auch Schadensersatz wegen Nichterfüllung. Aber in Abweichung von der Gewährleistung beim Kauf sind diese Rechte nur subsidiäre, denn sie sind erst nach fruchtloser Aufforderung zur Beseitigung des Mangels gegeben, wenn der Besteller seiner Aufforderung die Bemerkung hinzufügt, daß er die Beseitigung des Mangels nach dem Ablauf bestimmter Frist ablehne. Macht er die Aufforderung ohne diesen Zusatz, so hat er nach fruchtlosem Ablauf der Frist regelmäßig[2]) nur die Klage auf Nachbesserung. Doch ist es ihm wohl unbenommen, anstatt dessen die Fristbestimmung mit der vorerwähnten Androhung zu wiederholen, um sich die Wandlungs-, Minderungs- oder Schadensersatzklage wegen Nichterfüllung zu verschaffen. Ausnahmsweise kann er auch ohne jede Fristbestimmung auf Wandlung, Minderung, oder Schadensersatz klagen, wenn er nämlich ein besonderes Interesse an der sofortigen Wandlung oder Minderung nachweist, oder die Beseitigung des Mangels unmöglich oder vom Unternehmer verweigert ist. Sämmtliche Ansprüche des Bestellers wegen Mängel des Werkes (Beseitigung des Manges, Wandlung, Minderung, Schadensersatz) verjähren in 6 Monaten, bei Arbeiten an einem Grundstück in einem Jahre, bei Bauwerken in 5 Jahren seit Abnahme des Werkes oder wenn die Abnahme nach der Natur der Leistung ausgeschlossen war, seiner Vollendung. Nur wenn der Unternehmer den Mangel arglistig verschwieg, greift die gewöhnliche Verjährung Platz (§ 638). Ueber einredeweise Geltendmachung der Mängel und Hemmnung der Verjährung durch Versuch des Unternehmers, den Mangel zu beseitigen vergl. § 639.

III. Auch in der Beendigung des Dienst- und des Werkvertrags müssen sich wegen der Verschiedenheit des Gegenstandes eines jeden Vertrags bedeutende Abweichungen zeigen. Und zwar erfolgt die Beendigung eines Dienstvertrages in ähnlicher Weise, wie diejenige der Sachmiethe. Denn es handelt sich bei beiden um zeitweiligen Gebrauch fremder Güter. Bei dem Werkvertrage aber tritt zu dem

---

[1]) Vergl. § 459 Abs. 1 letzter Satz und § 633 Abs. 1. Bei Unerheblichkeit ist jedoch die Wandlung ausgeschlossen (§ 634 Abs. 3).

[2]) Die Ausnahmen werden durch die Fälle gebildet, in denen eine Fristbestimmung überhaupt nicht erfordert wird.

Gesichtspunkt des Gebrauchs fremder Arbeitskraft noch der des zu erzielenden Erfolges hinzu.

1. Demgemäß endigt ein auf bestimmte Zeit eingegangenes Dienstverhältniß mit Ablauf der Zeit, ein Dienstverhältniß auf unbestimmte Zeit dagegen durch Kündigung in der gesetzlichen Frist Seitens einer der Parteien. Die Fristen entsprechen, wenn die Vergütigung nach Zeitabschnitten bemessen war, den für Kündigung der Sachmiethe gegebenen. Nur ist bei nach Vierteljahren oder längeren Zeiträumen bemessenen Vergütigungen eine Kündigungsfrist von sechs Wochen vor Ablauf des Kalenderquartals genügend[1]) (§ 621 vergl. mit § 565). Und die gleiche Kündigungsfrist ist auch bei nach kürzeren Zeiträumen bemessenen Vergütigungen dann einzuhalten, wenn es sich um ein Dienstverhältniß mit festen Bezügen, gerichtet auf Dienste höherer Art handelt, wie dies namentlich bei Hauslehrern, Erziehern, Gesellschaftsdamen, einem Syndikus, sonstigen Privatangestellten zutrifft (§ 622). Andrerseits bedarf es in gewissen Fällen bei der Kündigung nicht einmal der Einhaltung einer Kündigungsfrist, wenn nämlich entweder die Vergütigung überhaupt nicht nach Zeitabschnitten bemessen ist[2]) oder ein wichtiger Grund zur Kündigung[3]) oder endlich ein Vertrauens-Dienstverhältniß von Dauer mit festen Bezügen, gerichtet auf Dienste höherer Art[4]), vorliegt.

Und wie für die Sachmiethe eine Maximalgrenze, über welche hinaus Bindung durch Vertrag ausgeschlossen sein soll — dreißig Jahre — besteht, so auch für die Dienstmiethe — fünf Jahre. Auf Lebens-

[1]) Bei Sachmiethe spätestens am dritten Werktage des Kalenderquartals, mit dessen Ablauf geräumt werden soll.

[2]) Z. B. bei Akkordarbeit. § 623 verlangt aber auch hier ausnahmsweise die Einhaltung einer Kündigungsfrist, und zwar einer zweiwöchigen. Voraussetzung hierfür ist, daß die Erwerbsthätigkeit des Dienstpflichtigen hauptsächlich durch das zu kündigende Dienstverhältniß in Anspruch genommen war. Z. B. in einer Holzhandlung wird ein und derselbe Mann jahraus jahrein mit der Zerkleinerung des Holzes gegen Gewährung einer bestimmten Summe für den Raummeter beschäftigt. Hier muß sowohl Dienstherr als Arbeiter Zeit haben, um sich nach einem neuem Arbeiter, bezw. nach andrer Arbeitsgelegenheit umzusehen.

[3]) § 226. Bei Vorliegen eines wichtigen Grundes, dessen Vorhandensein von der Würdigung des Gerichts schließlich abhängt, kann jedes Dienstverhältniß, auch das auf bestimmte Zeit eingegangene, gekündigt werden.

[4]) Hausarzt, Rechtsanwalt. Die Kündigung ist jederzeit, ohne Vorhandensein eines besonderen Grundes, wirksam. Erfolgt aber grundlose Kündigung unzeitig, d. h. so plötzlich, daß der Dienstberechtigte sich die Dienste nicht anderweit verschaffen konnte, so ist der Kündigende schadensersatzpflichtig.

zeit oder auf länger als fünf Jahre abgeschlossene Dienstverträge können deshalb nach Ablauf von fünf Jahren mit sechsmonatlicher Frist gekündigt werden (§ 624).

Mag aber das Dienstverhältniß durch Zeitablauf oder durch Kündigung beendigt sein, — in beiden Fällen kann es, wie die Sachmiethe, durch stillschweigende, mit Wissen und ohne unverzüglichen Widerspruch des Dienstberechtigten erfolgende Fortsetzung der Dienstleistung auf unbestimmte Zeit verlängert werden.[1])

2. Ganz anders stellen sich die Endigungsgründe beim Werkvertrag. Natürlich geht er durch ordnungsmäßige beiderseitige Erfüllung zu Ende. Im Uebrigen endigt er:

a) Durch Rücktritt des Bestellers vom Vertrag bei nicht rechtzeitiger Herstellung des Werks, sei die Verspätung eine unverschuldete oder verschuldete. Der Besteller hat aber zunächst dem Unternehmer eine angemessene Präklusivfrist zur Fertigstellung zu verstatten, er müßte denn ein Interesse an dem sofortigen Rücktritt nachweisen können, oder den Werkvertrag als Fixgeschäft abgeschlossen haben, oder die Fertigstellung des Werks in vertragsmäßiger Beschaffenheit mußte unmöglich oder vom Unternehmer verweigert sein. Auf Grund des Rücktritts hat der Besteller das Recht, die seinerseits etwa gemachten Leistungen (gelieferte Materialien, Vorschüsse) zurückzuverlangen und zwar bei unverschuldeter Verspätung nach den Vorschriften grundloser Bereicherung, bei verschuldeter Verspätung mit der Befugniß, Verzinsung der gemachten Vorschüsse und vollen Schadensersatz zu beanspruchen, wenn die von ihm gelieferten Materialien etwa in Folge der begonnenen Verarbeitung überhaupt nicht oder durch Schuld des Unternehmers trotz bisher unterbliebener Verarbeitung nur in verschlechtertem Zustande zurückgegeben werden können (§ 636).

b) Durch Kündigung Seitens des Unternehmers, falls der Besteller die zur Herstellung des Werks erforderliche Mitwirkung trotz ergangener Aufforderung[2]) unterläßt. Der Kündigung muß aber die Setzung einer angemessenen Präklusivfrist vorausgegangen sein (§ 643).

---

[1]) §§ 625 und 121. Die bei der Sachmiethe verlangte zweiwöchige Frist (§ 568) der Fortsetzung besteht also für die relocatio tacita operarum nicht, was mit Rücksicht auf die Verschiedenartigkeit der möglichen Dienstleistungen durchaus angemessen ist.

[2]) § 295 letzter Satz, z. B. der Besteller liefert die erforderlichen Rohstoffe nicht, oder er hat keine Zeit, sich Maß nehmen zu lassen zu dem zu fertigenden Anzug. Daß den Besteller dabei ein Verschulden trifft, ist nicht Voraussetzung des Kündigungsrechts.

c) Durch Kündigung Seitens des Bestellers wegen Ueberschreitung des ohne Gewähr der Richtigkeit vom Unternehmer aufgestellten Kostenanschlages, einerlei, ob die Ueberschreitung schon eingetreten, oder nur mit Sicherheit zu erwarten ist (§ 650). Hat der Unternehmer die Gewähr der Richtigkeit des Anschlages übernommen, so besteht natürlich kein Kündigungsrecht des Bestellers, denn derselbe braucht unter allen Umständen nur die im Anschlag vorgesehenen Beträge zu zahlen.

d) Durch Kündigung Seitens des Bestellers ohne Angabe von Gründen. Dieselbe ist jederzeit zulässig, so lange das Werk noch nicht vollendet ist (§ 649). Endlich

e) durch vom Besteller verschuldeten Untergang des noch unvollendeten, oder zwar vollendeten aber noch nicht abgenommenen Werkes (§ 645).

Sowohl in diesem Fall, als in den unter b) und c) erwähnten, hat der Unternehmer Anspruch auf Ersatz seiner Auslagen und verhältnißmäßige Arbeitsvergütigung. Dagegen hat er Anspruch auf volle vertragsmäßige Vergütigung im Fall zu d), muß sich jedoch die durch Aufhebung des Vertrags ersparten Aufwendungen und den Betrag der durch Freiwerdung seiner Arbeitskraft erlangten oder nur in Folge eigener Böswilligkeit entgangenen Vortheile abrechnen lassen.

Die Ansprüche des Unternehmers aus dem Werkvertrag sind durch ein gesetzliches Pfandrecht an den beweglichen von ihm hergestellten oder ausgebesserten Sachen des Bestellers oder bei der Bauverdingung durch das Recht auf Einräumung einer Sicherungshypothek an dem Baugrundstück des Bestellers geschützt (§ 647 und 648).

§ 7. Die Realkontrakte.

I. Leihe und Darlehn haben beide den gemeinschaftlichen Zweck, dem Entlehner den Gebrauch der Sache zu gestatten. Während aber die Leihe auf Gebrauch ohne Verbrauch gerichtet ist, hat der Darlehnsnehmer das Recht des Verbrauchs und ist also nur verpflichtet, tantundem eiusdem qualitatis et generis seiner Zeit zu restituiren.

Gegenstand der Leihe (§ 598) können darnach nur unverbrauchbare Sachen sein, wenigstens können verbrauchbare nur zu anormalem Gebrauch, z. B. Früchte zur Ausschmückung einer Tafel, geliehen werden. Aber auch die eigene Sache des Entleihers kann Gegenstand des Vertrages sein, wenn dem Verleiher zeitweise das ausschließliche Recht des Gebrauchs der Sache, z. B. als Miether, zustand. Das

Gesetz beschränkt die Leihe auf körperliche Dinge. Rechte sollen nicht Gegenstand der Leihe sein. Wird vielmehr die unentgeltliche Ausübung eines Rechtes gestattet, so wird darin oft eine Schenkung liegen. Fehlt es an der erforderlichen Vermögensverminderung einer- oder Vermögensvermehrung andererseits, indem das Recht, dessen Ausübung gestattet wird, nur Annehmlichkeiten, keine Einnahmen gewährt, so wird man allerdings dennoch die Leihvertragsgrundsätze analog zur Anwendung bringen müssen.[1])

Der Verleiher hat vor Allem die Verpflichtung, den Entleiher in dem vertragsmäßigen Gebrauch der Sache nicht zu hindern (§ 598 „Gebrauch gestatten"), obwohl er andererseits nicht, wie der Vermiether, während der Vertragszeit auch die Sache in gebrauchsfähigem Zustand zu erhalten hat. Vielmehr hat der Entleiher die gewöhnlichen Kosten der Erhaltung der geliehenen Sache selbst zu tragen, während der Vermiether verpflichtet ist, dem Miether alle auf die Sache gemachten nothwendigen Verwendungen, mit Ausnahme der Fütterungskosten eines Thieres, zu ersetzen (§§ 601 und 547). Bei der Erfüllung der Verpflichtung, dem Entleiher den Gebrauch der Sache zu belassen, haftet der Verleiher für Vorsatz und grobe Fahrlässigkeit (§ 599). Als Zustandsobligation ist die Leihe nicht konstruirt. Ueberträgt also der Verleiher während der Gebrauchszeit das Eigenthum an der Sache einem Dritten, indem er z. B. das verliehene Grundstück aufläßt, so macht er sich schadensersatzpflichtig, wenn der neue Eigenthümer dem Entleiher den Gebrauch entzieht. Leidet die verliehene Sache an Mängeln im Recht des Verleihers oder an Fehlern, so haftet der arglistige Verleiher für den dem Entleiher dadurch entstandenen Schaden (§ 600).[2])

Der Entleiher muß vor Allem den vertragsmäßigen Gebrauch einhalten, darf also den Gebrauch der Sache namentlich keinem Dritten überlassen (§ 603). Er haftet für jede Fahrlässigkeit und darf die Sache nicht vernachlässigen (§ 605 Nr. 2 und § 276). Gebraucht er vertragswidrig, so haftet er für allen aus der Vertragswidrigkeit hervorgegangenen Schaden. Darin liegt auch die Verhaftung für den Zufall, wenn nur in Folge der Vertragswidrigkeit die Sache vom Zufall getroffen wurde. Dagegen haftet der Entleiher bei vertragswidrigem Gebrauch keineswegs unbedingt für den Zufall. arg. § 848 vergl. auch § 251 I. 21 des ALR. Die Unterscheidung zwischen

[1]) Vergl. auch oben S. 35.

[2]) Auch der Schenker hat nach § 524 nur dolus zu vertreten.

Leihe im Interesse des Kommodanten und solcher im Interesse des Kommodatars (l. 5 § 10 D. commod. 13. 6.) hat das BGB. nicht aufgenommen.

Weiter muß der Entleiher bei Ablauf des Vertrags die Sache mit allen Accessionen dem Verleiher zurückbringen (§ 604 Abs. 1), denn dies muß als Absicht des Kontrahenten angesehen werden.[1]) Der Vertrag ist aber abgelaufen, wenn für die Leihe entweder eine bestimmte Zeit verabredet war, oder aus ihrem Zweck sich ergiebt, oder, falls keins von Beiden zutreffen sollte, sobald der Verleiher die Sache zurückfordert (§ 604 Abs. 2 und 3), oder endlich, wenn der Verleiher vor Ablauf der aus der Vertragsberedung oder dem Zweck der Leihe sich ergebenden Vertragszeit kündigt. Zu einer solchen vorzeitigen fristlosen Kündigung ist aber der Verleiher berechtigt bei unvorhergesehenem eigenen Bedarf, beim Tode des Entleihers und vertragswidrigem Gebrauch der Sache durch den Entleiher (§ 605.)

Die Klage des Entleihers auf Schadensersatz wegen Arglist oder groben Verschuldens des Verleihers, und die Klage des Verleihers auf Rückgabe verjähren in den gewöhnlichen Fristen. Die Klage auf Rückgabe geht aber nicht nur gegen den Entleiher, sondern auch gegen Denjenigen, an welchen der Entleiher den Gebrauch der Sache erlaubter oder unerlaubter Weise, entgeltlich oder unentgeltlich überlassen hat (§ 604 Abs. 4). Dagegen sind die Ersatzansprüche des Verleihers wegen Verschlechterungen und umgekehrt die Ansprüche des Entleihers wegen seiner Verwendungen und Gestattung des ius tollendi einer sechsmonatigen Verjährungszeit, laufend vom Rückempfang der Sache bezw. Beendigung des Vertrags an unterworfen (§ 606), und jeder Ersatzanspruch des Verleihers ist ausgeschlossen, sobald sein Anspruch auf Rückgabe der Sache verjährte.

II. Während der Verleiher Eigenthümer der verliehenen Sache bleibt, wird der Darlehnsnehmer Eigenthümer des Geliehenen, welches nur in Geld oder anderen vertretbaren Sachen bestehen kann. Daß er gleich durch die Uebergabe Eigenthümer werde, ist natürlich auch nach dem BGB. nicht erfordert. Es kann fremdes Geld als Darlehn gegeben werden unter der ausdrücklichen Voraussetzung nachträglicher Genehmigung des Eigenthümers. Das Darlehn mit fremden Sachen ist also nicht abgeschafft, vielmehr ist sein Zustande-

[1]) Aus dem Wortlaut des Gesetzes ergiebt sich das Zurückbringen nicht. Vergl. aber Windscheid Bd. 2, § 282 Anm. 4.

kommen gegenüber den Bestimmungen des gemeinen Rechts und im Anschluß an das preußische ALR. in sofern erleichtert, als der gutgläubige Darlehnsnehmer mit der körperlichen Uebergabe bereits Eigenthümer der Sachen wird (§§ 929 und 932). Kennt dagegen der Empfänger im Moment der Uebergabe das Nichteigenthum des Darlehnsgebers, oder ist ihm dasselbe nur in Folge eigener grober Fahrlässigkeit unbekannt, so kommt wider Willen des Eigenthümers auch durch die Vermengung der empfangenen Sachen mit den eigenen des Empfängers oder durch ihren Verbrauch kein Darlehn zu Stande. Der Empfänger ist vielmehr dem Eigenthümer nach den Grundsätzen über unerlaubte Handlungen ersatzpflichtig und Eigenthümer und Empfänger werden im Fall der Vermengung Miteigenthümer nach dem Werthverhältniß der von einem Jeden herrührenden Sachen (§ 948).

Der Verschaffung des Eigenthums steht es natürlich gleich, wenn die Valuta auf Anweisung des Darlehnsnehmers sofort einem Dritten ausgezahlt wird. Und andererseits bedarf es auch keineswegs stets der unmittelbaren Hingabe der Valuta durch den Darleiher oder seinen Vertreter. Vielmehr wird nach wie vor die Hingabe von Sachen mit der Verabredung, daß der Empfänger sie verkaufen und den erlösten Kaufpreis als Darlehn behalten solle als Weg zum Zustandebringen eines gültigen Darlehns anzuerkennen sein. Endlich aber führt auch die Verabredung, daß der Darlehnsnehmer die aus anderem Grunde (Kauf, Miethe, Schenkungsversprechen 2c.) geschuldeten Fungibilien als Darlehn schulden solle, zu einem Darlehn. Es wird in solchem Fall so angesehen, als hätte der Schuldner die geschuldeten Sachen dem Gläubiger geleistet, sie aber als Darlehnsvaluta zurückerhalten (§ 607 Abs. 2).

Besondere Beschränkungen der Darlehnsfähigkeit erkennt das Gesetz nicht an. Das Sct. Macedonianum, die Bestimmungen des preußischen ALR. über die Darlehnsunfähigkeit der Offiziere, der Mitglieder der Königl. Bühnen 2c. sind beseitigt. Die Darlehne der minderjährigen Hauskinder sind nur mit Genehmigung ihrer gesetzlichen Vertreter gültig (§§ 106 ff.). Mit der Minderjährigkeit endet auch die elterliche Gewalt (§ 1626), und das Kind ist, auch wenn es noch weiter im Hausstand der Eltern leben sollte, selbst geschäftsfähig.

Ueber die aus dem Vertrag hervorgehenden Verpflichtungen des Darlehnsgebers enthält das Gesetz so gut wie gar keine Vorschriften.

Namentlich ist darüber nichts gesagt, ob der Geber für den Schaden einstehen muß, den er durch sein Verschulden dem Nehmer zufügt, indem er z. B. verdorbene Sachen, gefälschtes Geld, amortisirte Werthpapiere giebt. Deshalb wird man die Haftung des Gebers auf den Fall der Schadenszufügung durch unerlaubte Handlung beschränken müssen. Denn die Grundsätze über Eviktion und Gewähr der Mängel werden schon um deswillen nicht anwendbar sein, weil sie gemäß § 445 nur für entgeltliche Veräußerungsverträge gelten sollen und das Darlehn als Realvertrag ja überhaupt kein Vertrag ist, durch welchen die Verpflichtung zur Gewährung des Eigenthums begründet wird.

Die Verpflichtungen des Darlehnsnehmers bestehen, wenn Zinsen bedungen sind, in ihrer Entrichtung bei Rückerstattung des vor Ablauf eines Jahres zurückzuerstattenden Geld- oder Fungibilitätendarlehns oder bei längerer Kreditirung am jedesmaligen Jahresschluß von Empfang des Darlehns an gerechnet (§ 608), weiter aber in der Rückerstattung des gewährten Darlehns zur Zeit der Fälligkeit. Die Fälligkeit tritt ein entweder mit dem vertragsmäßig festgesetzten Termin, oder, Mangels einer solchen Festsetzung, nach Kündigung von Seiten des Gläubigers oder Schuldners mit der vertragsmäßigen oder gesetzlichen Frist, — bei Darlehn über 300 Mark drei Monate, bei geringeren ein Monat. — Eigenthümlich ist aber, daß beim zinslosen Darlehn der Schuldner auch ohne Kündigung zur Rückerstattung jeder Zeit berechtigt sein soll (§ 609). Die ratio dieses Gesetzes ist dunkel. Der Darlehnsgläubiger kann nicht nur durch die unvorhergesehene Rückzahlung des Darlehns in Verlegenheit wegen der Aufbewahrung seines Geldes gerathen, sondern auch um eine günstige Gelegenheit zur Verwendung des Geldes kommen. Wer sein Geld einem Andern unverzinslich darleiht, der verdient doch dafür nicht Rücksichtslosigkeit! Die Erwägung, daß der Darlehnsgeber durch die plötzliche Rückzahlung immer noch besser fährt, als wenn der Darlehnsnehmer das Geld noch behalten hätte, ist nach dem vorher Gesagten auch keineswegs immer zutreffend.

In Zukunft wird deshalb der Geber eines größeren, unverzinslichen Darlehns die Rückzahlung ohne vorherige Kündigung erst durch den Vertrag ausschließen müssen, während es der Sachlage m. E. mehr entsprechen würde, wenn der Darlehnsnehmer kündigen müßte, falls der Geber sich auf ergangene Anfrage nicht zur sofortigen Annahme bereit erklären sollte. Sachgemäß dagegen ist die Beibehaltung der clausula rebus sic stantibus beim pactum de mutuo dando. Doch geht m. E. das Gesetz nicht weit genug. Das Widerrufsrecht dieses Vertrages wegen wesentlicher Verschlechterung der Vermögenslage des Versprechensempfängers ist nämlich nur gegeben, wenn die Verschlechterung erst nach Abschluß des Vertrages eintrat, nicht, wenn sie schon vorher bestand, dem Versprechenden aber erst hinterher bekannt wurde (§ 610). Der Versprechende wird also in solchem Fall sein Versprechen erfüllen müssen und nicht einmal das Geschäft wegen Irrthums anfechten können. Denn die Verschlechterung der Vermögensverhältnisse ist keine Eigenschaft der Person (§ 119 Abs. 2). Dagegen könnte die Anfechtung wegen Betrugs statthaft sein (§ 123).

III. Der letzte Realkontrakt ist der Verwahrungsvertrag.[1]) Der Verwahrer ist zur Aufbewahrung der ihm übergebenen beweglichen Sache verpflichtet. Er muß also nicht nur die Sache bei sich liegen lassen, sondern er hat eine positive Thätigkeit vorzunehmen, er muß die Sache in seiner Obhut (custodia) halten, damit sie unversehrt bleibe. Was dazu gehört, ist Frage des einzelnen Falles. So muß er z. B. ein ihm in Verwahrung gegebenes Pferd bewegen, er muß den Aufbewahrungsort ändern, wenn derselbe feucht oder sonst gefahrdrohend werden sollte rc. Doch darf er im Zweifel nur seine eigenen Lokalitäten zur Verwahrung verwenden, und nicht seinerseits die Sache bei einem Dritten hinterlegen. Auch die vereinbarte Aufbewahrungsart darf der Verwahrer nicht ohne Noth ändern und muß regelmäßig die beabsichtigte Aenderung dem Hinterleger anzeigen. Er darf z. B. ein Pferd, dessen Unterbringung in einem Stall für sich vereinbart war, nicht mit andern Pferden in einen Stall stellen. Wenn jedoch das Pferd, welches bisher gewohnt war, mit andern Pferden zusammen zu stehen, in seiner Klausur den Appetit verliert und dadurch der Gefahr der Erkrankung ausgesetzt ist, so ist er, bei periculum in mora zur Aenderung der Verwahrung berechtigt, selbst ohne vorher dem Hinterleger die beabsichtigte Aenderung angezeigt zu haben. Wählt der Verwahrer an Stelle der vereinbarten Aufbewahrungsart eine andere, so macht er sich schadensersatzpflichtig, wenn nicht nach den Umständen anzunehmen war, daß der Hinterleger bei Kenntniß der Sachlage die Aenderung billigen würde (§ 692). Eine Verpflichtung des Verwahrers zur Aenderung der vereinbarten Verwahrungsart ist niemals vorhanden. Paßt dem

[1]) Ueber den Pfandvertrag vergl. § 1205 BGB. Hier handelt es sich um den dinglichen Vertrag.

Hinterleger die vereinbarte Art der Aufbewahrung nicht mehr, so kann er die Sache zurückfordern.

Bei der Aufbewahrung hat der Verwahrer für jede Fahrlässigkeit einzustehen. Nur bei unentgeltlicher Verwahrung haftet er lediglich für culpa in concreto (§§ 690 und 276).

Weiter hat der Verwahrer bei Beendigung des Vertrages die hinterlegte Sache mit allen Accessionen zurückzugewähren. Doch ist seine Schuld eine Holschuld, d. h. der Hinterleger hat die Sache von dem Ort, an welchem sie aufzubewahren war (§ 269), abzuholen (§ 697).

In eigenem Interesse darf der Verwahrer die Sache niemals gebrauchen. Thut er es gleichwohl, so haftet er nach den Grundsätzen über unerlaubte Handlungen für allen Schaden. Verwendet er jedoch hinterlegtes Geld für sich, so hat er auf alle Fälle von Zeit der Verwendung an Zinsen zu zahlen (§ 698).

Der Hinterleger umgekehrt hat dem Verwahrer grundsätzlich für allen Schaden einzustehen, der dem Verwahrer durch die Beschaffenheit der hinterlegten Sache z. B. ein rotzkrankes Pferd entstand. Er haftet jedoch dann nicht, wenn er nachweist, daß er die gefahrdrohende Beschaffenheit der Sache nicht kannte und nach den obwaltenden Verhältnissen auch nicht zu kennen brauchte, oder daß er sie dem Verwahrer angezeigt hat, oder daß dieser sie ohnehin schon kannte (§ 694).

Weiter hat der Hinterleger dem Verwahrer die von diesem gemachten Aufwendungen,[1]) soweit er sie nach den Umständen für erforderlich halten durfte, zu ersetzen und die vereinbarte Vergütigung entweder, wenn sie nach Zeitabschnitten verabredet war, am Schluß der einzelnen Zeitabschnitte, oder falls nichts Näheres festgesetzt war, bei der Beendigung der Aufbewahrung zu entrichten. Wird der Vertrag vor Ablauf der Aufbewahrungszeit aufgelöst, so ist verhältnißmäßige Vergütung zu leisten.

Eigenthümlich ist dem Verwahrungsvertrag, daß der Hinterleger jederzeit die Sache zurückfordern,[2]) der Verwahrer dagegen bei Verabredung einer bestimmten Aufbewahrungszeit nur aus wichtigen Gründen vorzeitig die Rücknahme der Sache verlangen darf (§§ 695 und

---

[1]) Es ist gleichgültig, ob sie auf die Sache selbst gemacht, oder durch Maßregeln zur Abwendung von Gefahr verursacht wurden.

[2]) So schon §§ 54 und 55 I. 14 des ALR. Die Zeitbestimmung ist zu Gunsten des Hinterlegers l. 1. §§ 45 und 46 D. depositi 16. 3.

696).[1]) Thut der Verwahrer dies, so ist er von weiterer Aufbewahrungspflicht entbunden, sobald der Hinterleger nach den im Verkehr herrschenden Grundsätzen die Sachen abholen konnte und es doch unterließ.[2])

§ 8. Der Auftrag.

Den Gegenstand des Auftrages können Geschäfte faktischer und rechtlicher Natur bilden. Der Auftrag ist also im Anschluß an das gemeine Recht[3]) keineswegs auf den Fall der Vertretung des Auftraggebers gegenüber einem Dritten beschränkt. Er kann die Ausführung einzelner Geschäfte oder auch die Verwaltung eines ganzen Vermögens, dagegen nicht die Ausführung des eigenen Geschäfts des Mandatars zum Inhalt haben.

Der Auftrag ist ein Vertrag. Nur wenn das Ersuchen, ein Geschäft vorzunehmen, acceptirt wurde, liegt im Sinn des Gesetzes ein Auftrag vor. Ausdrücklichkeit des Ersuchens und der Acceptation ist aber nicht erforderlich. Insofern kann man auch jetzt noch von einem mandatum tacitum sprechen.[4]) Dagegen giebts kein mandatum praesumtum[5]) mehr. Wer, ohne wirklich Vollmacht zu haben, für einen Anderen ein Geschäft besorgt, der handelt immer nur als Geschäftsführer ohne Auftrag.

Der Auftrag erzeugt Wirkungen zwischen den Kontrahenten; er kann aber auch Wirkungen im Verhältniß der Kontrahenten zu dritten Personen hervorbringen, wenn nämlich der Auftrag auf eine Vertretung des Auftraggebers gerichtet war. Diese letztere Seite scheidet das Gesetz in der Lehre vom Auftrag gänzlich aus und verweist sie in die Lehre von der Stellvertretung (§§ 164 ff.). Die Frage nach der Haftung des seinen Auftrag überschreitenden offenen Stellvertreters gegenüber dem Dritten, falls der Auftraggeber nicht genehmigt, beantwortet sich also auch nach diesen Vorschriften (§ 179 BGB).

I. Zwischen dem Auftraggeber und Auftragnehmer entstehen folgende Verbindlichkeiten:

1. Der Beauftragte muß das Geschäft vorgeschriebener Maßen

[1]) Vergl. §§ 46 und 47 I. 14 des ALR.

[2]) Ueber Retentions- und Kompensationsrecht des Verwahrers, sowie depositum irregulare, siehe oben S. 38. Das depositum miserabile giebt das BGB. auf. Mot. II. S. 572 Anm. 1.

[3]) § 13 J. de mandato 3. 26.

[4]) Anders §§ 129ff. I. 13 ALRts.

[5]) Vergl. §§ 119—128 I. 13 ALR.

ausführen, im Zweifel, d. h. wenn nicht besondere Umstände vorliegen oder die Substitution erlaubt ist, ohne facultas substituendi (§ 664). Er haftet dabei für jede Fahrlässigkeit,[1] jedoch dann nur für culpa in eligendo, wenn er erlaubter Weise die Ausführung des Auftrags einem Dritten übertragen hatte. Bedient er sich bei der Ausführung des Auftrags eines Gehülfen, wozu er im Zweifel berechtigt ist, so haftet er für jedes Versehen des Gehülfen, wie für sein eigenes (§ 664 Abs. 1). Man wird diese Haftung selbst dann annehmen müssen, wenn der Beauftragte berechtigt war, die Ausführung des Auftrags ganz einem Anderen zu übertragen. Denn führt er in solchem Fall den Auftrag unter Zuziehung eines Gehülfen selbst aus, so behält er doch immer die Erledigung des Geschäfts in der Hand und trägt deshalb auch die volle Verantwortlichkeit.

Die Verflichtung, den Auftrag so wie vorgeschrieben auszuführen, schließt aber keineswegs jede Abweichung von der ertheilten Instruktion aus. Denn wer die Ausführung von Aufträgen übernimmt, der soll bei der Ausführung doch immer seinen eigenen Verstand obwalten lassen, die Sachlage selbstständig beurtheilen und der veränderten Sachlage Rechnung tragen. Meint er darnach, daß der Auftraggeber bei Kenntniß der Sachlage vermuthlich eine Abweichung von der Instruktion billigen würde, so soll er bei periculum in mora ohne Weiteres berechtigt sein, von der Instruktion abzugehen. Ist aber keine Gefahr im Verzug, so soll er vorerst dem Auftraggeber die veränderte Sachlage anzeigen und dann dessen Entschließung abwarten. Selbstverständlich kann der Mandatar unter Umständen verpflichtet sein, von der Instruktion abzuweichen. Dies folgt aus der selbstständigen Stellung und der Verpflichtung des Beauftragten, bei Ausführung des Auftrags alle Sorgfalt zu präſtiren.

Nicht zu verwechseln mit Abweichungen von der Instruktion, von den zur Ausführung des Auftrags vorgeschriebenen Maßregeln ist die Ueberschreitung des Auftrags. Sie liegt dann vor, wenn der Beauftragte durch seine Thätigkeit ein anderes Resultat absichtlich oder fahrlässig herbeiführt, als ihm aufgetragen war, z. B. er überschreitet beim Einkaufsauftrag den festgesetzten Preis, oder er kauft Vollblut anstatt Halbblut, oder er verkauft zu billig 2c. Mangels einer Regelung dieses Punktes im Gesetz kann es sich m. E. nur fragen, ob die Berücksichtigung von Treu und Glauben im Verkehr

[1] Nach § 55 I. 13 des ALR haftete der Beauftragte nur für diejenige Sorgfalt, welche er in seinem eignen Geschäft derselben Art anzuwenden pflegt.

zu einer Bindung des Auftraggebers an die Ueberschreitung führt (§ 157). Und dies wird im Allgemeinen der Fall sein, wenn der Beauftragte das ihm aufgetragene Geschäft unter günstigeren Bedingungen abschloß. Soweit aber der § 157 BGB. nicht in Betracht kommt, wird der Auftraggeber nicht verpflichtet sein, das vom Beauftragten contra mandatum erzielte Resultat als Erfüllung anzunehmen.

2. Der Beauftragte hat weiter nicht nur die Verpflichtung, nach Ausführung des Auftrags Rechenschaft abzulegen, sondern er muß auch vorher den Auftraggeber auf dem Laufenden über den Stand des Geschäfts erhalten und ihm namentlich auf Verlangen jederzeit Auskunft geben. Was er zur Ausführung des Auftrags vom Auftraggeber erhalten und nicht bei der Ausführung verbraucht hat, muß er zurückgeben, was er durch die Ausführung des Auftrags erworben, muß er mit Zuwachs herausgeben, oder wenn er etwa als stiller Stellvertreter erworben, in das Vermögen des Auftragebers übertragen, auch die solcher Gestalt ihm gegen Dritte erwachsenen Ansprüche abtreten. Er setzt sich dabei eventuell den allgemeinen Folgen des Verzugs (§ 284) aus. Hat der Beauftragte Sachen, die er für den Auftraggeber verwenden sollte, für sich verwendet, so muß er eventuell nach den Grundsätzen über unerlaubte Handlungen Schadensersatz leisten und auf alle Fälle Geld von der Zeit der Verwendung an verzinsen. Das Gleiche gilt von Sachen, die ihm in Ausführung des Mandats für den Mandanten zukamen und die er für sich verbrauchte oder nutzte (§§ 666—668 und § 823).

3. Der Auftraggeber andererseits hat dafür aufzukommen, daß dem Beauftragten aus der Ausführung des Auftrags kein Schaden entsteht, ohne jedoch deshalb für den Zufall, der den Beauftragten bei Gelegenheit der Ausführung des Auftrags trifft, zu haften. In Erfüllung dieser Verpflichtung hat der Auftraggeber die zur Ausführung des Auftrags nöthigen Mittel dem Beauftragten auf Verlangen vorzuschießen und die vom Beauftragten gemachten Aufwendungen zu ersetzen und zu verzinsen. Daß die Aufwendungen zur Ausführung des Auftrags wirklich nöthig waren, ist nicht verlangt, wenn sie nur der Beauftragte den Umständen nach unter Beobachtung der Sorgfalt eines ordentlichen Hausvaters für erforderlich halten durfte. Hat der Beauftragte zum Zweck der Ausführung des Auftrags selbst Verpflichtungen gegen Dritte übernommen, so kommt § 257 zur Anwendung.

II. Das Auftragsverhältniß erlischt durch Zeitablauf, Eintritt einer auflösenden Bedingung, Vereinbarung der Parteien, Ausführung des Mandats und Unmöglichkeit seiner Ausführung. Natürlich kommen die allgemeinen Grundsätze über Schadensersatz bei verschuldeter Unmöglichkeit eventuell zur Anwendung (§ 280). Doch sind dem Auftragsverhältnisse eigenthümliche Beendigungsgründe, sodaß vom Moment ihres Eintritts neue Verpflichtungen aus ihm nicht mehr entstehen können:

a) Der Widerruf des Auftraggebers und die Aufkündigung des Beauftragten. Beide sind nichts Anderes, als ausdrückliche oder stillschweigende Erklärungen an den Gegner, daß man von dem Vertrag zurücktrete. Auch bedingter Widerruf oder bedingte Aufkündigung für die Zukunft sind zulässig. Doch bedarf es zu ihrer Wirksamkeit natürlich des Eintritts der Bedingung. Ein Verzicht auf Widerruf oder Kündigung ist möglich;[1]) aber trotz Verzichts kann der Beauftragte kündigen, wenn er durch einen wichtigen Grund, z. B. eigne Krankheit oder solche von Familiengliedern, an der Ausführung des Auftrags verhindert ist (§ 671).

b) Ausnahmsweise Tod oder eingetretene Geschäftsunfähigkeit[2]) des Auftraggebers; nämlich nur dann, wenn die Beendigung des Auftrags als Absicht der Kontrahenten ermittelt werden kann. Die Beweislast für solche Absicht trifft den, welcher die Endigung des Auftrags behauptet (§ 672).

c) Regelmäßig Tod des Beauftragten, weil der Auftrag auf dem persönlichen Vertrauen des Auftraggebers zum Beauftragten beruht; — es müßte denn das Gegentheil als Absicht der Vertragschließenden sich ergeben. Die Beweislast trifft den, welcher die Fortdauer des Auftrags behauptet (§ 673). Der Erbe des Beauftragten hat übrigens, wenn der Auftrag durch Tod des Beauftragten erlosch, den Tod dem Auftraggeber unverzüglich anzuzeigen.

Sowohl im Fall zu b als in dem zu c muß der Beauftragte oder sein Erbe bei Gefahr im Verzug die Ausführung des aufgetragenen Geschäfts, bis anderweite Fürsorge getroffen werden konnte, bewirken, sollte die Ausführung auch noch nicht begonnen haben.

d) Eröffnung des Konkurses über das Vermögen des Auftrag=

---

[1]) Der Mandatar kann ein Interesse daran haben, daß ihm die Ausführung des Auftrags verbleibt, z. B. ein Künstler, welcher unentgeltlich die Ausführung eines Wandgemäldes in einem öffentlichen Gebäude übernahm.

[2]) Anders §§ 186 und 196 I. 13 ALR.

gebers dann, wenn der Auftrag sich auf das zur Konkursmasse gehörige Vermögen bezieht (§ 19a der KO).

Ebensowenig, als danach die Konkurseröffnung über das Vermögen des Beauftragten zur Endigung des Auftrags führt, thut dies eingetretene Geschäftsunfähigkeit[1]) desselben. Vielmehr besteht der Auftrag so lange, bis Widerruf oder Unmöglichkeit seiner Ausführung durch den Beauftragten eintrat.

Die Wirkung der Erlöschungsgründe des Auftrags gegenüber dem Beauftragten ist in dessen Interesse von der erlangten Kenntniß ihres Eintritts abhängig gemacht. Doch steht fahrlässige Unkenntniß der Kenntniß gleich. Der Beauftragte macht sich also trotz Eintritts der Bedingung, an deren Eintritt die Endigung des Mandats geknüpft war, trotz Todes des Auftraggebers oder Eröffnung des Konkurses über sein Vermögen rc. nicht ersatzpflichtig, wenn er in verschuldbarer Unkenntniß dieser Thatsachen die aufgetragenen Geschäfte noch weiter besorgt und kann auch unter der gleichen Voraussetzung Ersatz seiner Auslagen rc. verlangen. Die Kündigung aber, als von ihm selbst ausgehend, muß er stets kennen und andererseits ist der Widerruf des Auftraggebers als empfangsbedürftige Willenserklärung nach positiver Bestimmung bereits in dem Augenblick wirksam, in welchem er dem Beauftragten zuging (§§ 674 und 130 Abs. 1), sollte derselbe auch noch keine Kenntniß von dem Inhalt der empfangenen — etwa schriftlichen Erklärung genommen haben.

Im Fall bedingten Widerrufs aber muß noch die Kenntniß des Beauftragten vom Eintritt der Bedingung hinzutreten, weil nur in Verbindung mit der Thatsache des erfolgten Eintritts der Bedingung nach Absicht des Widerrufenden der Widerruf wirken soll.

C. Sonstige Verträge.

§ 9. Die Gesellschaft.

I. Die Gesellschaft ist die vertragsmäßige Vereinigung mehrerer Personen zur Erreichung eines erlaubten, nicht nothwendig vermögensrechtlichen Zwecks. Da jeder Gesellschafter zur Leistung von Beiträgen verpflichtet ist, so ist die regelmäßige Folge der Gesellschaft eine Vermögensgemeinschaft, — es müßten denn von allen Seiten behufs Erreichung eines idealen Zwecks nur Dienste zu leisten sein, was zwar unpraktisch, aber doch nicht geradezu undenkbar ist. Die societas

---

[1]) Anders § 196 I. 13 ALR.

omnium bonorum ist übrigens nach § 310 BGB. verboten und nichtig.

Auch nach dem Recht des BGB. ist die Gesellschaft im Wesentlichen gegründet auf die Individualität der einzelnen Gesellschafter. Die Gesellschaft ist keineswegs ein selbstständiges, von der Summe der einzelnen Gesellschafter verschiedenes Rechtssubjekt, bei dem es überhaupt nur des körperlichen Substrats von einer Mehrheit von Personen bedürfte. Sie kann nicht einmal als solche klagen und verklagt werden; sie hat nicht einmal formelle Parteifähigkeit wie die offene Handelsgesellschaft. Aber ein Ansatz zur selbstständigen Rechtssubiectivität der Gesellschaft ist im BGB. durch die Sanktionirung eines selbstständigen Gesellschaftsvermögens allerdings enthalten. Dasselbe ist kein Zweckvermögen im Brinz'schen Sinne, sondern es gehört den Gesellschaftern, aber nicht nach den Grundsätzen des römischen Miteigenthums, sondern nach denen des deutschrechtlichen Eigenthums zur gesammten Hand. Deßhalb kann der einzelne Gesellschafter über seinen Antheil nicht verfügen, ihn nicht belasten und veräußern oder seinen Privatgläubigern zur Befriedigung anbieten. Vielmehr steht die Verfügung über das Gesellschaftsvermögen und die zu ihm gehörigen Gegenstände nur den Gesellschaftern gemeinschaftlich zu.[1]) „Gemeinschaftliches Vermögen der Gesellschafter" nennt es § 718. Das Gesetz folgt dabei dem Vorgang des preußischen ALR. I. 17 § 169 ff. und des deutschen Handelsgesetzbuchs Art. 119—129.

Das gemeinschaftliche Vermögen der Gesellschafter besteht unter Anerkennung des Satzes: res succedit in locum pretii und umgekehrt (§ 718 Abs. 2) aus Sachen und Rechten, also auch Forderungen, nicht aber auch aus Schulden. Zwar spricht § 733 von gemeinschaftlichen Schulden, aber es wäre verkehrt, daraus auch nur eine gemeinschaftliche Haftbarkeit der Gesellschafter im Sinn der preußischrechtlichen Gemeinsamkeit der Verpflichtung zu folgern. Denn jeder Gesellschafter ist für sich zur Klage des Gesellschaftsgläubigers passiv legitimirt. Vielmehr sind gemeinschaftliche Schulden die gemeinschaftlich gemachten,[2]) — entweder von den Genossenschaftern in Person oder durch einen gemeinschaftlichen Vertreter.

II. Auf Grund des Sozietätsverhältnisses entstehen Rechtsverhältnisse unter den einzelnen Gesellschaftern, möglicherweise aber auch

[1]) Weitere Konsequenzen aus dem Grundsatz der gesammten Hand siehe in den §§ 719, 720, 725 Abs. 2, 738 Satz 1 des BGB. und § 670b der CPO.

[2]) Über die Haftung für dieselben siehe S. 78.

solche zwischen den Gesellschaftern einer- und dritten Personen andererseits.

1. die Rechtsverhältnisse unter den einzelnen Gesellschaftern bestehen vor Allem in der gegenseitigen Verpflichtung zur Förderung des Gesellschaftszwecks, insbesondere durch Leistung der vereinbarten Beiträge. Kein Gesellschafter darf also dem Gesellschaftszweck zuwiderlaufende Handlungen vornehmen. Die Beiträge können in Geld, in Einbringung von Sachen und Rechten, z. B. der Ausübung eines Nießbrauchsrechts, in Diensten bestehen; sie können behufs Eigenthumsübertragung (quoad sortem) oder behufs Gebrauchsüberlassung an die Gesellschafter erfolgen. Doch besteht die Vermuthung für Verschaffung von gemeinschaftlichem Eigenthum der Gesellschafter bei Einbringung vertretbarer oder verbrauchbarer Sachen, bei anderen Sachen dagegen nur, wenn sie unter einer nicht blos für die Gewinnbetheiligung bestimmten Schätzung, also namentlich als veditionis causa aestimatae res eingebracht wurden (§ 706 Abs. 2). Die Größe der von jedem Genossen zu leistenden Beiträge unterliegt der freien Vereinbarung, und nur, wenn nichts festgesetzt ist, sind gleiche Beiträge zu leisten (§ 706 Abs. 1). Kommt dabei ein Gesellschafter mit der Leistung seines Beitrags in Verzug, so treffen ihn die Folgen desselben und er ist der Erfüllungsklage Seitens seiner Mitgesellschafter ausgesetzt. Auch haftet jeder der Gesellschafter in Gesellschaftsangelegenheiten für diligentia quam suis rebus und der zur Einwerfung von Eigenthum in das Gesellschaftsvermögen Verpflichtete sowohl für Eviktion als für physische Fehler der eingebrachten Sachen. Denn seine Veräußerung ist eine entgeltliche (§§ 446 und 493).

Die in die Gesellschaft quoad sortem eingeworfenen Beiträge stehen zur Gefahr aller Gesellschafter. Gehen sie durch Zufall unter, so kann ein Ersatz nicht verlangt werden. Ebenso cessirt eine Ersatzpflicht des Beitragenden bei zufälligem Untergang oder zufälliger Verschlechterung der nur zum Zweck der Gebrauchsüberlassung (quoad usum) eingeworfenen Gegenstände (§ 707). Doch leidet natürlich im Uebrigen unter dem Zufall auch der Beitragende, da die vom Zufall betroffenen Sachen in seinem Eigenthum geblieben waren. Werden andererseits die von einem der Gesellschafter beitragsweise versprochenen Speziessachen vor ihrer Leistung durch Zufall vernichtet, sodaß die ganze ihm obliegende Leistung, also nicht nur etwa eine Jahresleistung, unmöglich wird, so verliert er den Anspruch auf die Gegenleistung d. h. die durch den Vorgang begründete Gesellschaft löst sich auf. Bei theilweiser Unmöglichkeit dagegen hat der den Rest Leistende nur Anspruch auf verhältnißmäßige Gegenleistung (§ 323). Als Gegenleistung haben dabei die von den andern Gesellschaftern versprochenen Beiträge zu gelten, nicht der schließlich erzielte Gewinn. Denn derselbe ist mit das Resultat des durch casus verschlechterten Beitrags, der trotz der Verschlechterung vielleicht hauptsächlich den Gewinn herbeiführte. Jeder der übrigen Gesellschafter kann danach seinen Beitrag verhältnismäßig mindern, doch auch durch Kündigung die Auflösung der Gesellschaft herbeiführen (vergl. § 723 „wenn die Erfüllung einer solchen (wesentlichen) Verpflichtung unmöglich wird"). Ja, auch ohne Kündigung löst sich die Gesellschaft von selbst auf — aber nicht nach rückwärts hin —, wenn (in Folge der Beitragsminderung) die Erreichung des Gesellschaftszwecks unmöglich geworden ist (§ 726). Was ein Gesellschafter für die Gesellschaft einnimmt oder aus Gesellschaftsmitteln erwirbt, ist er ebenfalls einzuwerfen verpflichtet (§ 718). Jeder Gesellschafter hat endlich Antheil am Gewinn, d. h. an dem über die gemachten Einlagen und gemeinschaftlichen Schulden vorhandenen Ueberschuß, aber nimmt auch am Verlust Theil. Und zwar werden Gewinn und Verlust im Zweifel [1]) nach Köpfen getheilt (§ 722). Also auch der nur Dienste einwerfende Gesellschafter trägt den Verlust mit.[2]) Schon wegen dieser Theilnahme am Gewinn und Verlust hat jeder Gesellschafter ein Interesse daran, sich von den Angelegenheiten der Gesellschaft durch Fragen, Einsichtnahme der Bücher und von dem Stande des Gesellschaftsvermögens durch Anfertigung einer Vermögensübersicht zu unterrichten. Er muß aber diese Information persönlich vornehmen und ist begreiflicher Weise nicht befugt, Nichtgesellschafter zur Information heranzuziehen oder damit zu betrauen (§ 716). Dieses Informationsrecht ist wenigstens für den Fall unverzichbar, daß gegründeter Verdacht unredlicher Geschäftsführung Seitens eines Gesellschafters vorliegt. Weil die Gesellschaft eine Individualgemeinschaft ist, so kann kein Gesellschafter seine Stellung in ihr auf Jemand Anderen übertragen. Ausgenommen sind nur gewisse Ansprüche (§ 717).

---

[1]) Kann danach auch verabredet werden, daß ein Gesellschafter nur am Verlust partizipiren soll (societas leonina)? Nein; denn aus der Gemeinsamkeit des Zwecks folgt als dem Wesen der Gesellschaft entsprechend die Antheilnahme jedes Gesellschafters am Zweck. So auch Mot. II S. 594.

[2]) Entgegengesetzt die Regelung des preußischen ALR.

Besonders wichtig für das Verhältniß der Gesellschafter unter einander ist endlich die Frage nach der Geschäftsführungsbefugniß. Das Gesetz unterscheidet die Geschäftsführung von der Vertretungsmacht (§ 709 und 715) und versteht unter letzterer die Befugniß, für die Gesellschafter dritten Personen gegenüber rechtswirksam zu handeln (§ 714), während alles Übrige unter den Begriff der Geschäftsführung fällt. Im Zweifel liegt in der Befugniß zur Geschäftsführung auch die Vertretungsmacht. Doch kann Jemand die Geschäftsführungsbefugniß ohne die Vertretungsmacht und auch die Vertretungsmacht ohne Geschäftsführungsbefugniß haben (§ 715). Ob das Eine oder Andere der Fall sein soll, darüber bestimmt der Gesellschaftsvertrag, sei er der konstituirende oder ein Nachtrag dazu. Er ist auch in erster Linie dafür maßgebend, wer Geschäftsführungsbefugniß oder Vertretungsmacht haben soll. Das Gesetz zieht in dieser Richtung keinerlei Schranken. Es ist also gestattet, die Führung der Geschäfte einzelnen Gesellschaftern, oder einzelne Geschäftsarten diesem oder jenem Gesellschafter zu übertragen. Soweit danach eine Uebertragung an einzelne Gesellschafter stattgefunden hat, sind die Uebrigen von der Geschäftsführung und Vertretung oder von einzelnen Arten von Geschäften ausgeschlossen, d. h. sie können in dem ihnen entzogenen Zweige nicht mit verbindlicher Kraft für die Gesellschafter handeln und machen sich eventuell schadensersatzpflichtig (§ 710). Doch ist es sicher nicht ausgeschlossen, daß ein solcher quieszirter Gesellschafter im Auftrage eines Geschäftsführenden ein Geschäft vornimmt, in welchem Fall er dann lediglich als Mandatar handelt.

Grundsätzlich ist nun zur Gültigkeit eines Geschäfts die Zustimmung aller zur Geschäftsführung oder Vertretung berufenen Gesellschafter, oder bei Theilung der Geschäfte nach Zweigen die Zustimmung aller mit dem betreffenden Geschäftszweige betrauten Gesellschafter erforderlich, sodaß also, falls jegliche Bestimmung im Gesellschaftsvertrage fehlen sollte, Einstimmigkeit aller Gesellschafter nöthig wäre. [1])

Doch kann auch im Gesellschaftsvertrage die bindende Kraft von Majoritätsbeschlüssen bestimmt werden (§ 709 Abs. 2), sowie,

---

[1]) § 709 sagt: Die Geschäftsführung steht den Gesellschaftern „gemeinschaftlich" zu. Das heißt nicht: die Gesellschafter müssen sämmtlich bei dem Geschäft persönlich mitthun. Vielmehr wird der Sinn des „gemeinschaftlich" sofort durch den Zusatz erläutert: Für jedes Geschäft ist die Zustimmung aller Gesellschafter erforderlich.

daß von den mit der Geschäftsführung betrauten Gesellschaftern jeder für sich allein solle handeln und die anderen Gesellschafter vertreten dürfen, es müßte denn einer der mit der Geschäftsführung beziehentlich Vertretung betrauten Gesellschafter widersprechen, in welchem Fall das Geschäft unterbleiben muß (§ 711). Konsequent wird man annehmen müssen, daß, wenn ein gewisser Geschäftszweig einem Gesellschafter überwiesen ist, der Widerspruch des mit einer andern Branche Betrauten ihn nicht hindert. Denn auch der von der Geschäftsführung gänzlich Ausgeschlossene hat kein Widerspruchsrecht.

Das Verhältniß zwischen dem Geschäftsführenden oder mit Vertretungsmacht betrauten Gesellschafter zu den übrigen Gesellschaftern ist nicht Mandat. Der Geschäftsführer handelt lediglich kraft Gesellschaftsrechts. Deswegen haftet er nur für diligentia quam suis rebus, deswegen kann ihm im Gesellschaftsvertrag eine Vergütigung für seine Mühe zugebilligt werden, deswegen macht er seine Ansprüche aus der Geschäftsführung nicht mit der actio mandati contraria, sondern mit der actio pro socio geltend und muß also mit der Beitreibung, wenn disponibles Gesellschaftsvermögen nicht da ist, bis zum Rechnungsabschluß und der Vertheilung von Gewinn und Verlust warten (§ 721). Erleidet er bei der Ausführung eines Gesellschaftsgeschäfts einen zufälligen Schaden, so hat er ihn nach allgemeinen Grundsätzen zu tragen. Denn er erfüllt mit der Ausführung des Geschäfts nur seine Gesellschaftspflicht. Und wer in Erfüllung seiner Verpflichtungen zufälligen Schaden erleidet, kann dafür von Niemand Ersatz verlangen.[1]) Diesen prinzipiellen Standpunkt erkennt auch das Gesetz selbst an, wenn es in § 713 bestimmt, daß die Rechte und Verpflichtungen der geschäftsführenden Gesellschafter nur insoweit sich nach den für den Auftrag geltenden Vorschriften der §§ 664 bis 670 richten sollen, als sich nicht aus dem Gesellschaftsverhältniß ein anderes ergiebt. Immerhin bestimmt sich danach die Verpflichtung des Geschäftsführers oder Vertreters zur Rechenschaftsablegung und zur Herausgabe des durch die Geschäftsführung 2c. Erlangten an die Gesellschafter, sowie seine Verpflichtung zur Verzinsung der eingenommenen, aber für sich verwendeten Gelder nach den Regeln des Auftrags. Und umgekehrt ist der geschäftsführende oder vertretende Gesellschafter wie ein Beauftragter berechtigt, Vorschüsse zur Ausführung des Geschäfts und Ersatz seiner Aufwendungen

[1]) Anders l. 52 § 4 D. pro socio 17. 2.

zu verlangen — letzteres jedoch ohne ein Zurückbehaltungsrecht. Endlich aber entbehrt der Geschäftsführer ꝛc. im Zweifel wie ein Beauftragter der facultas substituendi.

Auch darin zeigt sich die Abweichung des zwischen dem Geschäftsführer, dem Gesellschafter und den Uebrigen bestehenden Rechtsverhältnisses vom Auftrag, daß die Geschäftsführung oder Vertretung nicht willkürlich widerrufen oder gekündigt werden kann (§§ 671 und 712). Keineswegs aber steht die Auffassung, daß Geschäftsführungsrecht und Pflicht einen Theil des Gesellschaftsvertrages bildet, der Möglichkeit, einem geschäftsführenden Gesellschafter die Vertretungsmacht zu entziehen oder sich der Vertretungsmacht ꝛc. zu entschlagen, überhaupt entgegen. Denn es hindert den Gesetzgeber nichts, Bestimmungen zu treffen, die bei der Auslegung des Gesellschaftsvertrages berücksichtigt werden sollen. Und so werden die Geschäftsführungsbefugniß und Vertretungsmacht für entziehbar, erstere auch für Seitens des Geschäftsführers kündbar erklärt, wenn ein wichtiger Grund vorliegt (§ 712). Die Entziehung verlangt aber Einstimmigkeit, oder, wenn Majoritätsbeschlüsse im Gesellschaftsvertrag vorgesehen sind, Stimmenmehrheit der Uebrigen (§ 712 Abs. 1). Eigenthümlich ist, daß die in Verbindung mit der Befugniß zur Geschäftsführung ertheilte Vertretungsmacht nur gleichzeitig mit ersterer soll entzogen werden können (§ 715), und daß umgekehrt das Kündigungsrecht des Gesellschafters sich überhaupt nicht auf die Vertretungsmacht allein bezieht, während man wohl annehmen muß, daß in der Aufkündigung der Geschäftsführung auch die Aufkündigung der etwa gleichzeitig zustehenden Vertretung nothwendig liegt. Fast scheint es, als handelte es sich bei der Beschränkung des Kündigungsrechts des Gesellschafters auf die Geschäftsführung (§ 712 Abs. 2) nur um eine zu enge Ausdrucksweise des Gesetzes, da ein innerer Grund für diese Unterscheidung nicht vorhanden sein dürfte.[1])

2. Die Rechtsverhältnisse der Gesellschafter zu dritten Personen.

Soll zwischen den Gesellschaftern und einem Dritten ein Rechtsverhältniß entstehen, so müssen entweder sämmtliche Gesellschafter in Person oder durch ihre befugten offenen Vertreter[2]) mit dem Dritten

---

[1]) Nach § 638 Abs. 2 des Entw. I war der Gesellschafter überhaupt nicht berechtigt, sich der im Vertrag übernommenen Geschäftsführung zu entziehen; er erhielt dies Recht erst durch § 652 Abs. 2 des Entw. II. Wahrscheinlich ist die danach nothwendig gewordene Erweiterung des Kündigungsrechts auf den Fall der Vertretungsmacht übersehen.

[2]) Ueber die Vertretungsmacht vergl. oben S. 75.

verhandelt haben. Unter dieser Voraussetzung werden die Gesellschafter gegen den Dritten unmittelbar berechtigt und auch verpflichtet, jedoch mit einem wesentlichen Unterschied:

a) Die danach erworbene Forderung gehört zum Gesellschaftsvermögen. Gemäß des Grundsatzes der gesammten Hand ist also der Satz: nomina sunt ipso iure divisa ausgeschlossen. Kein Gesellschafter kann über einen bestimmten Antheil verfügen, denn die Forderung gehört, wie die preußische Kommunalobligation, nur den Gesellschaftern gemeinschaftlich. Daraus folgt, daß bei Einklagung der Forderung sämmtliche Gesellschafter Partei sind, jedoch dabei vertreten werden durch den oder die mit Vertretungsmacht ausgestatteten Gesellschafter, welche auch darüber zu entscheiden haben, ob die Klage angestellt werden soll. Der vertretungsberechtigte Gesellschafter hat dabei im Prozeß die Stellung eines gesetzlichen Vertreters prozeßfähiger Partei. Daraus folgt aber weiter, daß der beklagte Dritte nicht mit Privatforderungen gegen einen einzelnen Gesellschafter kompensiren kann (§ 719 Abs. 2). Denn es fehlt an dem Erforderniß der Gegenseitigkeit von Forderung und Gegenforderung[1]).

b) Die Vertragsschulden der Gesellschafter sind nicht gemeinsam, sondern verpflichten, wenn nicht das Gegentheil ausgemacht ist, in welchem Fall Haftung pro rata eintritt, gemäß § 427 alle Gesellschafter sammt und sonders. Der Gläubiger verklagt also auch nur den Gesellschafter, welchen er verklagen will und hat auch das Recht, sich zwecks seiner Befriedigung unter Ignorirung des Gesellschaftsvermögens direkt an das Privatvermögen des einzelnen Gesellschafters zu halten. Der solchergestalt verklagte Gesellschafter kann dabei natürlich mit einer ihm gegen den Kläger zustehenden Privatforderung kompensiren, nicht aber mit einer Gesellschaftsforderung. Denn letztere steht ihm nicht zu.[2])

Will andererseits ein Gesellschaftsgläubiger sich an das Gesellschaftsvermögen halten, welches ja ungetheilt der Gemeinschaft der Gesellschafter zusteht, so muß er erst einen gegen alle Gesellschafter vollstreckbaren Schuldtitel haben (§ 670b der CPO. in der beabsichtigten Ergänzung). Der Gesellschaftsgläubiger wird es deshalb

---

[1]) Positivrechtliche Ausnahme: § 720.

[2]) Würde umgekehrt der Privatschuldner eines Gesellschafters von diesem verklagt, so könnte er mit einer aus einem Vertrag mit den Gesellschaftern ihm zustehenden Forderung kompensiren, weil eben jeder Gesellschafter solidarisch haftet.

meistens vorziehen, sich an das Privatvermögen der einzelnen Gesellschafter zu halten.

Es giebt noch andere Gesellschaftsschulden, als Vertragsschulden. Jedenfalls werden die Gesellschafter durch Handlungen eines zur Vertretung nicht befugten Gesellschafters in Höhe der für sie bewirkten Bereicherung verpflichtet (§ 812). Auch können sie zum Ersatz des Schadens verpflichtet sein, den der von ihnen mit einer Verrichtung Betraute einem Dritten widerrechtlich zufügt (§§ 831 und 843). Eine von den vorher dargestellten Grundsätzen abweichende Behandlung dieser Schulden findet nicht statt.

III. Die Aufhebung der Gesellschaft.

Der Gesellschaft eigenthümliche Aufhebungsgründe sind folgende:[1]) 1. Erreichung oder Unmöglichwerden des Gesellschaftszwecks (§ 726), 2. Zeitablauf oder Eintritt einer Bedingung, wenn die Gesellschaft auf Zeit oder bedingungsweise eingegangen wurde (§ 723 a. O.), 3. Tod, nicht Entmündigung eines Gesellschafters, sofern nicht aus dem Gesellschaftsvertrag ein Anderes sich ergiebt, sei es, daß die Erben eintreten, sei es, daß die bleibenden Gesellschafter die Gesellschaft fortsetzen sollen (§§ 727 und 736). In beiden Fällen handelt es sich nicht um eine neue Gesellschaft. 4. Konkurseröffnung über das Vermögen eines Gesellschafters (§ 728), es müßte denn im Gesellschaftsvertrag für diesen Fall die Fortsetzung der Gesellschaft unter den Uebrigen bestimmt sein (§ 736), endlich 5. Kündigung. Das Kündigungsrecht ist unverzichtbar. Die Kündigung muß, wenn nicht im Gesellschaftsvertrag ein Anderes festgesetzt ist, von jedem einzelnen Gesellschafter erfolgen. Kündigen kann, wenn die Gesellschaft auf unbestimmte Zeit oder auf Lebenszeit eines Gesellschafters eingegangen war, jeder Gesellschafter jederzeit (§ 723 Satz 1 und § 724). War dagegen die Gesellschaft auf bestimmte Zeit eingegangen, so kann die

[1]) Für die unter 1—4 aufgeführten Beendigungsgründe gilt gemeinschaftlich, daß sie einem Geschäftsführenden oder vertretungsbefugten Gesellschafter gegenüber erst wirken, wenn der von ihnen weiß oder wissen muß (§§ 729 und 169). „Zu seinen Gunsten" gilt die Gesellschaft als fortbestehend, d. h. er kann nicht haftpflichtig gemacht werden, wenn er der Auflösung unkundig sich noch als Geschäftsführender und vertretungsberechtigter Gesellschafter gerirt. § 729 spricht übrigens nur vom geschäftsführenden Gesellschafter; doch ergiebt sich aus § 169, daß auch der Gesellschafter mit Vertretungsmacht gemeint ist. Dem Dritten, mit welchem der Gesellschafter kontrahirt, kommt die Fiktion der Fortdauer der Geschäftsführungsbefugniß oder Vertretungsmacht nicht zu Gute, wenn er die Auflösung der Gesellschaft kennt oder durch eigene Schuld nicht kennt.

Kündigung nur aus triftigen Gründen, z. B. Geisteskrankheit eines Gesellschafters (vergl. § 723 Satz 2), jedoch dann ohne Einhaltung der etwa im Gesellschaftsvertrag festgesetzten Kündigungsfrist (§ 723 Abs. 1 letzter Satz) erfolgen. Eine grundlose Kündigung ist wirkungslos. Die unzeitgemäße (Art. 125 HGB.) Kündigung dagegen ist stets wirkungsvoll, verpflichtet aber den ohne triftigen Grund Kündigenden zum Schadensersatz. Ist im Gesellschaftsvertrag für den Fall der Kündigung die Fortsetzung der Gesellschaft unter den Uebrigen verabredet, so bleibt die Gesellschaft bestehen (§ 736). Durch Ausschluß eines Gesellschafters Seitens der Uebrigen, welcher besonders wegen vorsätzlicher oder grobfahrlässiger Verletzung der Pflichten gegen die Gesellschaft zulässig ist, geht die Gesellschaft nicht zu Grunde. Denn der Ausschluß ist nur bei denjenigen Gesellschaften gestattet, welche für den Fall der Kündigung Seitens eines Gesellschafters unter den Uebrigen fortbestehen sollen (§ 737). 6. Endlich kann auch der Privatgläubiger eines Gesellschafters, der auf Grund eines definitiv vollstreckbaren Schuldtitels den seinem Schuldner nach den Grundsätzen der gesammten Hand zustehenden Gesellschaftsantheil, also nicht nur dessen Gewinnantheil, sondern dasjenige, was dem Schuldner bei der schließlichen Auseinandersetzung gebührt, pfänden ließ, fristlos kündigen, um die Auseinandersetzung der Gesellschaft herbeizuführen (§ 725). Er erlangt dann freilich seine Befriedigung immer erst nach den Gesellschaftsgläubigern. Denn bei der Festsetzung des dem Gesellschafter gebührenden Antheils sind schon die Gesellschaftsgläubiger vorweg berücksichtigt (vergl. unter IV). Immerhin steht danach der Privatgläubiger eines Gesellschafters günstiger, als der Privatgläubiger eines offenen Handelsgesellschafters. Denn einmal kann Letzterer erst dann gegen das Gesellschaftsvermögen vorgehen, wenn er aus dem Privatvermögen seines Schuldners keine Befriedigung erlangen konnte und ferner muß er dabei 6monatliche Kündigung vor Ablauf des Geschäftsjahres der Gesellschaft beobachten (Art. 126 HGB.).

IV. Die Vermögensauseinandersetzung.

Auch nach der Auflösung gilt die Gesellschaft, ähnlich wie die offene Handelsgesellschaft in Liquidation, noch für den Auseinandersetzungszweck (§ 730 Abs. 2) als fortbestehend. Dagegen erlischt im Zweifel die Vertretungs- und Geschäftsführungsbefugniß der nach dem Gesellschaftsvertrag mit dieser Befugniß ausgestatteten Gesellschafter. Mit Recht, denn Geschäftsführung für eine lebende Gesellschaft und Liquidation einer erloschenen sind so verschiedene Dinge, daß nicht stillschweigend in der Ermächtigung zu dem Einen auch diejenige zu dem Andern liegen kann. Sämmtliche Gesellschafter haben dann die Liquidation gemeinschaftlich zu bewirken.

Ueber die Art der Auseinandersetzung entscheidet zunächst die Vereinbarung der Gesellschafter, welche aber natürlich das Recht der Gesellschaftsgläubiger auf Bezahlung ihrer Forderungen nicht beeinträchtigen kann. Ohne solche geht die Auseinandersetzung nach folgenden Regeln vor sich:

Unter Aussonderung der nur zum Gebrauch eingebrachten Gegenstände werden die zum Gesellschaftsvermögen gehörigen Sachen und Rechte ermittelt. Sie sind bestimmt in erster Linie zur Deckung der gemeinschaftlichen Schulden, zu denen auch die Ansprüche der Gesellschafter aus ihrer Geschäftsführung gehören. Für noch nicht fällige oder streitige Ansprüche wird der erforderliche Betrag reservirt. In zweiter Linie werden die quoad sortem-Einlagen, und zwar nach dem Geldwerthe zur Zeit der Einbringung befriedigt. Der Einzelne ist also weder berechtigt noch verpflichtet zur Rücknahme seiner Einlage in natura. Sind zur Deckung der vorerwähnten Schulden genügende Baarmittel nicht vorhanden, so ist das Gesellschaftsvermögen, soweit erforderlich, in Geld umzusetzen. Der danach noch verbleibende Rest gebührt den Gesellschaftern nach Verhältniß ihrer Antheile am Gewinn. Die Theilung desselben erfolgt nach den für die Theilung einer Gemeinschaft (§ 741 ff.) gegebenen Vorschriften. Danach hat, soweit die Zerlegung des gemeinschaftlichen Gegenstandes ohne Werthsverringerung in gleichartige, den Antheilen der Theilhaber entsprechende Theile möglich ist, diese zu geschehen. Soweit das nicht der Fall ist, sind die gemeinschaftlichen Gegenstände nach den Regeln des Pfandverkaufs beziehentlich der Zwangsversteigerung zu verkaufen und der Erlös ist zu vertheilen. Einklagbare Forderungen sind gemeinschaftlich einzuziehen, noch nicht einziehbare sind zu verkaufen. Ist der eingezogene Gegenstand der Forderung theilbar, so hat diese Theilung zu erfolgen, andernfalls ist er zu verkaufen und der Erlös zu theilen.

Stellt sich endlich bei der Auseinandersetzung der Gesellschaft Verlust heraus, so haben die Gesellschafter zu seiner Deckung nach Verhältniß ihrer Antheile zuzuschießen, und für den von dem einen oder andern Gesellschafter etwa nicht beizutreibenden Theil haften die Uebrigen nach Verhältniß ihrer Antheile (§ 735).

Die Auseinandersetzung findet nur statt bei Auflösung der Gesellschaft. Wird die Gesellschaft nach Ausscheiden eines Einzelnen unter den Uebrigen fortgesetzt, so hat der Ausgeschiedene nur Anspruch auf Geldabfindung in Höhe dessen, was ihm bei einer Auseinandersetzung zur Zeit seines Ausscheidens gebührt hätte. Für die von ihm mit kontrahirten Gesellschaftsschulden bleibt er den Gläubigern verhaftet, so lange ihn die Gesellschafter nicht frei machten, was er verlangen kann. Seine quoad usum eingebrachten Gegenstände erhält er zurück. An dem nach seinem Ausscheiden erzielten Gewinn oder Verlust aus vorher bereits begonnenen Geschäften nimmt er Theil. Hat schon bei seinem Ausscheiden die Gesellschaft mit Unterbilanz gearbeitet, so haftet er den Gesellschaftern für den Fehlbetrag nach Verhältniß seines Antheils am Verlust (§§ 738—40).

§ 10. Bürgschaft.

I. Begriff und Voraussetzungen. Das BGB. kennt nur einen einheitlichen Begriff der Bürgschaft, nämlich das zur Sicherung eines fremden Gläubigers ertheilte und von diesem angenommene Versprechen, für die Erfüllung der jetzigen oder zukünftigen, bedingten oder unbedingten Verbindlichkeit seines Schuldners einstehen zu wollen (§ 765) Aber die Bürgschaftsleistung kann sich in doppelter Form vollziehen. Entweder durch Ertheilung eines Auftrags an einen Andern im eigenen Namen und auf eigene Rechnung einem Dritten Kredit zu geben (Kreditauftrag), und ist dann ohne Einhaltung einer besondern Form gültig, wie jeder Auftrag[1]) (§ 778). Oder durch Abschluß eines ausdrücklichen Bürgschaftsvertrages, und ist dann nur gültig, wenn die Bürgschaftserklärung dem Gläubiger schriftlich ertheilt wird. Doch wird die fehlende Schriftlichkeit insoweit geheilt, als die Hauptverbindlichkeit erfüllt wird (§ 766). Erschwerte Formvorschriften für Frauenbürgschaften giebts nicht mehr. Auch ist jeder Handlungsfähige bürgschaftsfähig.

II. Umfang. Die Bürgschaftsverbindlichkeit reicht nicht weiter, als der Verbürgungswille. Sie kann abgegeben werden mit Beschränkung auf eine Kapitalschuld, kann sich aber auch auf Nebenverbindlichkeiten (Konventionalzinsen, Konventionalstrafen) beziehen.

[1]) Der Kreditauftrag hat übrigens nach wie vor selbstständige Bedeutung und ist nicht in der Bürgschaft aufgegangen. Oder haftet etwa der Mandatar nicht, wenn der Auftrag auf Kreditgewährung an eine nicht verpflichtungsfähige Person ging und ausgeführt wurde? Eine Bürgschaftsschuld läge aber wegen Nichtigkeit der Hauptschuld hier nicht vor.

Was beabsichtigt wurde, muß in jedem einzelnen Fall ermittelt werden, wobei allerdings durch das Erforderniß der schriftlichen Bürgschaftserklärung der Interpretation Schranken gezogen werden. Namentlich ist aus dem öfteren Gebrauch des Wortes „Hauptverbindlichkeit" im Gesetz nicht abzuleiten, daß der Bürgschaftswille für Konventionalzinsen oder Konventionalstrafe besonders ausgesprochen werden müsse. Denn die Hauptverbindlichkeit ist lediglich die Verbindlichkeit des Hauptschuldners im Gegensatz zur Verbindlichkeit des Bürgen, also die Verbindlichkeit, für welche der Bürge sich verbürgte. Nur die eine Vermuthung stellt das Gesetz auf, daß der Bürge sich auch für die Kosten der Kündigung und der Rechtsverfolgung verbürgen wollte. Doch kann diese Haftung durch ausdrückliche Erklärung beim Abschluß des Bürgschaftsvertrages ausgeschlossen werden.

III. Natur der Bürgschaftsschuld. Die danach zu Stande gekommene Bürgschaftsschuld ist als accessorische Theilnahme des Bürgen an der Schuld, für welche er sich verbürgte, konstruirt. Der Bürge kann sich also niemals für mehr verbürgen, als geschuldet wird. Doch kann in einem über den Betrag der Hauptschuld hinausgehenden Leistungsversprechen eine andere gültige Verbindlichkeit, z. B. ein Schenkungsversprechen oder ein Schuldversprechen (§ 780) liegen. Aendert sich der jeweilige Stand dieser Schuld, so ändert sich damit zugleich die Bürgschaftsschuld. Verzug und Fahrlässigkeit des Hauptschuldners schaden also auch dem Bürgen. Dafür kommen aber andererseits grundsätzlich die dem Hauptschuldner gegen die Klage des Gläubigers zustehenden Einreden auch dem Bürgen zu, selbst wenn er ihre Existenz bei Eingehung der Bürgschaft kannte, selbst wenn sie nur zum Schutz des Hauptschuldners bestimmt sind, wie z. B. die Einrede der Rechtswohlthat des Nothbedarfs § 519. Denn das BGB. leitet das Einrederecht des Bürgen aus der accessorischen Natur der Bürgschaft her, nicht aus einem etwaigen Regreßrecht desselben gegen den Hauptschuldner (§§ 767 und 768). Aber nach beiden Richtungen hin bestehen Ausnahmen:

1. Eine Erweiterung oder Verstärkung der Verbindlichkeit des Hauptschuldners durch ein mit dem Gläubiger nachträglich abgeschlossenes Rechtsgeschäft, z. B. eine Erhöhung des Zinsfußes, oder ein Anerkenntniß des Hauptschuldners, oder auch nur Verzicht auf eine Einrede, schaden dem Bürgen nicht (§ 767 Abs. 1 Satz 3). Der Bürge würde sonst wehrlos der Willkür des Gläubigers und Schuldners preisgegeben sein.

2. Einreden des Hauptschuldners, auf welche der Bürge gültig verzichtete, kann er natürlich nicht vorschützen. Ebensowenig Einreden, bei denen das Gesetz positiv vorschreibt, daß sie nur dem Schuldner, nicht dem Bürgen, zustehen sollen, z. B. die Einrede des rechtskräftig bestätigten Zwangsvergleichs (§ 178 KO)[1]) oder die exceptio beneficii inventarii, welche nach dem Tode des Hauptschuldners etwa dessen Erben zusteht (§ 768 Abs. 1 Satz 2).[2]) Die Motive erkennen an, daß trotz des gesetzlichen Ausschlusses einer Einrede noch ein Bürgschaftsversprechen vorliegt, läugnen dies aber für den Fall des Verzichts auf Einreden. Hier liege, soweit die Einrede, auf welche der Bürge verzichtete, dem Hauptschuldner Schutz gewähre, kein Bürgschaftsversprechen, sondern ein andersartiges, nach den allgemeinen Grundsätzen zu beurtheilendes Schuldversprechen vor (Mot. II. S. 662). M. E. trifft dies erst dann zu, wenn in Folge eines Einredeverzichts die accessorische Natur der Bürgschaft ganz abgestreift ist, wenn also der Bürge sich für eine nichtige Schuld verbürgte und auf die Einrede der Nichtigkeit verzichtete. Ist hier gleichwohl seine rechtliche Absicht, sich zu verpflichten, vorhanden, so kann es sich allerdings nur um ein Schenkungsversprechen handeln. Uebrigens erscheinen mir auch die Motive nicht konsequent. Denn wodurch die Einrede ausgeschlossen wurde, ob durch Verzicht oder durch Gesetz, muß für die Natur der vom Bürgen eingegangenen Verpflichtung gleichgültig sein.

Daß der Bürge der Klage des Gläubigers auch die ihm selbst gegen den Gläubiger zustehenden Einreden entgegensetzen darf, z. B. daß der Bürgschaftsvertrag ungültig sei, daß ihm eine kompensable Gegenforderung zustehe 2c., ist selbstverständlich und wird auch vom Gesetz als selbstverständlich vorausgesetzt. Neu ist dagegen, daß das Gesetz dem Bürgen zwei Einreden giebt, welche dem Hauptschuldner nicht zustanden, die aber doch ihren Entstehungsgrund aus der Hauptverbindlichkeit entnehmen, die Einrede der Anfechtbarkeit der Hauptforderung und ihrer Aufrechenbarkeit gegen eine dem Hauptschuldner

---

[1]) Es könnte zweifelhaft erscheinen, ob die Bestimmung des § 178 KO. noch gilt, da das BGB. § 768 Abs. 1 Satz 1 dem Bürgen alle dem Hauptschuldner zustehenden Einreden gewährt. Aber bei der projektirten Aenderung des § 178 ist die Bestimmung aufrecht erhalten.

[2]) Daß sich der Bürge dieser Einrede nicht bedienen kann, ist fast selbstverständlich. Denn in der durch die Inventarerrichtung herbeigeführten Beschränkung der Haftung der Erben liegt keine Veränderung der Hauptschuld.

zustehende Gegenforderung. Der Hauptschuldner hat diese Einreden nicht. Er kann zwar einredeweise die gegen ihn gerichtete Forderung anfechten und sie dadurch tilgen. Er kann denselben Effekt durch Kompensation erreichen. Er kann aber nicht die beiden erwähnten Einreden mit der Wirkung entgegensetzen, daß der Kläger zur Zeit abgewiesen würde, etwa bis zur Verjährung der Anfechtungsklage oder dem Verzicht auf Anfechtung, oder der Befriedigung oder sonstigen Tilgung der Gegenforderung. Dieses Recht verleiht aber der § 770 dem Bürgen. Die Einreden der Anfechtbarkeit und Kompensabilität sind dilatorische Einreden. Dagegen hat der Bürge nicht mehr das Recht, die Einrede der Anfechtung oder die Kompensationseinrede ex persona des Hauptschuldners zu erheben.

IV. Die Rechtswohlthaten des Bürgen.

1. Das beneficium divisionis ist beseitigt. Bürgen für dieselbe Schuld haften als Gesammtschuldner, haben aber unter einander gesetzlichen Regreß (§§ 769 und 426).

2. Das beneficium cedendarum actionum ist im Anschluß an das preußische Recht (§ 388 ff. I. 14 des preußischen ALR.) zum ipso iure Eintritt in die Rechte (Forderung und Accessionen, Pfandrecht, Bürgschaft, Vorzugsrecht im Konkurs) des befriedigten Gläubigers ausgestaltet (§ 774). Und zwar tritt der Bürge ein, insoweit er den Gläubiger befriedigt hat. Es giebt also auch Eintritt in einen Theil der Forderung. Wenn die Motive II. S. 674 freilich den in der preußischen Litteratur über die Frage des gesetzlichen Eintritts bis zum Ueberdruß verwertheten animus emendi des Zahlers, der sehr oft fehlen wird, weil der Zahler von dem Institut des ipso iure Eintritts keine Ahnung hat, hier wiederum heranziehen, so kann das leicht zu Mißverständnissen Veranlassung geben. In der That handelt es sich nur um einen transitus legalis zum Zweck der Durchführung des Regresses des Bürgen gegen den Hauptschuldner oder gegen seine Mitbürgen. Und dieser gesetzliche Eintritt kann sich daher ohne den Erwerbswillen des Bürgen vollziehen, wenn auch nicht wider seinen Willen.

Aber der gesetzliche Eintritt in die Rechte des befriedigten Gläubigers ist folgenden Beschränkungen unterworfen:

a) Daß er geschehen, kann nicht zum Nachtheil des Gläubigers geltend gemacht werden. Wenn z. B. der Bürge sich nur für einen Theil der Schuld, deren Bezahlung auch noch mit einem Pfandrecht gesichert war, oder für eine von mehreren Schulden, für welche sämmtlich eine und dieselbe Sache verpfändet war, verbürgt hatte und zahlte, so bleibt das Pfandrecht in erster Linie dem Gläubiger verhaftet. Und wenn der Bürge den Theil einer Forderung, für welchen er sich verbürgt hatte, nach der Konkurseröffnung über das Vermögen des Schuldners zahlte, so kann der Gläubiger seine Restforderung vor dem eingetretenen Bürgen geltend machen.[1])

b) Der Hauptschuldner kann dem mit der Klage des befriedigten Gläubigers auftretenden Bürgen alle Einreden entgegensetzen, welche ihm aus dem zwischen ihm und dem Bürgen bestehenden Rechtsverhältniß zustehen (§ 774 Abs. 1 Satz 3). Wenn also z. B. der Bürge mit Mitteln des Hauptschuldners zahlte oder weil er zur Zahlung als Gegenleistung für eine vom Hauptschuldner ihm gemachte Leistung verpflichtet war, so hat er diese Einwendungen auch dann zu gewärtigen, wenn er mit der Klage des befriedigten Gläubigers klagt. Er hat eben keinen Regreßanspruch.

c) Wenn ein Mitbürge den Gläubiger befriedigt hat, so erwirbt er zwar die Forderung mit dem Beirecht der Bürgschaft. Er kann dieses Bürgschaftsrecht gegen seine Mitbürgen aber nur insoweit geltend machen, als ihm ein Regreßrecht gegen dieselben zusteht (§ 774 Abs. 2).

Nach dem Eintritt des Bürgen in die Rechte des Gläubigers hat danach der Bürge mehrere Klagen gegen den Hauptschuldner. Einmal die Klage des befriedigten Gläubigers und daneben die aus seinem Rechtsverhältniß zum Hauptschuldner (Mandat, negotiorum gestio) ihm zustehende Klage. Es liegt hier ein Fall der Aktionenkonkurrenz vor.

3. Die Einrede der Vorausklage (beneficium excussionis) ist der Einwand des Bürgen, daß der Gläubiger die Zwangsvollstreckung gegen den Schuldner noch nicht oder noch nicht vergeblich versucht habe (§ 771). Durch ihre Aufnahme wird die Bürgschaftsverbindlichkeit zu einer sufidiären. Die Rechtswohlthat ist aber wesentlich abgeschwächt, was sich in folgenden Punkten zeigt:

a) Während die Geltendmachung der Rechtswohlthat nach dem preußischen Recht als Klageläugnung aufgefaßt wird, betrachtet sie das Gesetz im Anschluß an das gemeine Recht als Einrede. Der beklagte Bürge muß also beweisen,[2]) daß die Zwangsvollstreckung in

[1]) RGE. 3, Nr. 52, 8, Nr. 73 § 774 Abs. 1 Satz 2.

[2]) Nach der Fassung des § 771 Abs. 1 läßt sich nicht gut mehr bezweifeln, daß der Bürge auch die Beweislast dafür habe, der Gläubiger habe eine Zwangs-

das Vermögen des Hauptschuldners noch nicht versucht wurde und es ist keineswegs Sache des Klägers, bereits zur Begründung seiner Klage die Behauptung aufzustellen, daß er die Exekution gegen den Hauptschuldner versucht habe.

b) Während nach dem bisherigen Recht der Bürge vorgängige Exekution in bewegliches oder unbewegliches Vermögen verlangen konnte, gewährt jetzt die Rechtswohlthat für den wichtigen Fall der Verbürgung für eine Geldforderung dem Bürgen nur die Befugniß, vorgängige Exekution in das bewegliche Vermögen des Schuldners zu verlangen.[1] Die Bestimmung ist dann bedenklich, wenn Beide, Hauptschuldner sowohl als Bürge, nur unbewegliches Vermögen haben. In diesem Fall wird die Exekution in das unbewegliche Vermögen des Bürgen betrieben, während das unbewegliche Vermögen des Hauptschuldners von der Exekution frei bleibt.[2])

c) Während nach dem bisherigen Recht nur Verzicht auf die Einrede, welche stets in der Verbürgung als Selbstschuldner liegt, Konkurs des Hauptschuldners, voraussichtliche Unzulänglichkeit der Zwangsvollstreckung und Abwesenheit des Hauptschuldners von Deutschland[3]) die Einrede der Vorausklage ausschlossen, hat jetzt schon jede Erschwerung der Rechtsverfolgung gegen den Hauptschuldner infolge nachträglicher Veränderung des Wohnsitzes, der Niederlassung oder des Aufenthaltsortes auch innerhalb des deutschen Reichs den Ausschluß der Rechtswohlthat zur Folge, z. B. weil der neue Wohnsitz unbekannt ist. Sache des Klägers ist es, replicando das Vorliegen einer der genannten Ausnahmen zu beweisen.

Wer, wie ich, auf dem Standpunkt Ungers[4]) steht, daß die Rechtswohlthat am Besten ganz zu beseitigen wäre, der wird sich mit ihrer vorstehend skizzirten Beschränkung nur einverstanden erklären können.[5])

V. Das Ende der Bürgschaft.

---

vollstreckung gegen den Hauptschuldner noch nicht versucht, oder die versuchte Zwangsvollstreckung sei erfolgreich gewesen. Der Bürge wird sich dabei fast ausnahmslos nur der Eideszuschiebung bedienen können.

[1]) § 772. Die Exekution muß am Wohnsitz und der am anderen Ort befindlichen gewerblichen Niederlassung des Schuldners, in Ermangelung beider an seinem Aufenthaltsort, versucht werden.

[2]) Ueber den Fall des Vorhandenseins von Pfandrecht oder Zurückbehaltungsrecht des Gläubigers vergl. § 772 Abs. 2.

[3]) RGE. 6, 156.

[4]) In den dogmatischen Jahrbüchern Bd. 29 S. 1 ff.

[5]) Gemeinrechtlich nimmt man auch an, daß mit der Abläugnung der Bürg-

Auf die Bürgschaft finden die allgemeinen Erlöschungsgründe der Obligationen Anwendung. Daneben aber sind ihr folgende Erlöschungsgründe eigenthümlich:

1. Erlöschen der Hauptschuld. Das folgt aus § 767 Abs. 1 Satz 1 und gilt selbst für den Fall, daß der Bürge am Erlöschen der Hauptschuld schuld war, indem er z. B. die geschuldete Speziessache zerstörte. Der Bürge haftet dann eventuell für Schadensersatz auf Grund unerlaubter Handlung nicht wie nach römischem Recht mit der Bürgschaftsklage (l. 95 § 1 D. de soluti. 46. 3). Der Bürge haftet dem Hauptschuldner, doch muß dieser dem Gläubiger seinen Schadensersatzanspruch abtreten (§ 281 Abs. 1). Es ist überhaupt ganz gleichgültig, wodurch die Hauptschuld erlosch. Auch die Verjährung der Hauptschuld führt den Untergang der Bürgschaftsschuld herbei, wenn der Bürge von dem Einwand der Verjährung Gebrauch macht. Thut er dies freilich nicht und zahlt, so ist die Rückforderung des Gezahlten selbst dann ausgeschlossen, wenn er von der eingetretenen Verjährung nichts wußte (§ 222).

2. Vereinigung von Hauptschuld und Bürgschaftsschuld in einer Person, soweit nicht das Fortbestehen der Bürgschaft — wegen etwa für die Bürgschaftsschuld bestellter besonderer Sicherheit — für den Gläubiger ein Interesse hat.[1]

3. Durch Aufgeben einer Sicherheit oder eines Vorzugsrechts Seitens des Gläubigers geht die Bürgschaftsschuld insoweit unter, als dies für das Regreßrecht des Bürgen schädlich ist (§ 776 vergl. §§ 331 und 333 I. 14 des preußischen ALR.).

4. Durch Ablauf der Zeit, für welche die Bürgschaft erfolgte, wird der Bürge nur dann frei, wenn

a) bei vorhandener Rechtswohlthat der Vorausklage der Gläubiger es unterläßt, ohne schuldhaftes Zögern (unverzüglich) die Forderung gegen den Hauptschuldner durch Mobiliarexecution oder Verwerthung seines an beweglichen Sachen bestehenden Pfand- oder Zurückbehaltungsrechtes beizutreiben und nach beendigten Verfahren unverzüglich dem Bürgen anzuzeigen, daß er ihn in Anspruch nehme.

b) bei fehlender Rechtswohlthat der Gläubiger nicht nach Ablauf

---

schaftsschuld durch den Bürgen das benefic. excussionis verloren gehe. Die Ansicht ist nicht ins BGB. aufgenommen.

[1]) Vergl. 1. 95 § 3 D. de solut. 46. 3 und § 678 Entw. I. Dieser § ist gestrichen. Doch folgt daraus nicht die Ablehnung des im Text bemerkten Grundsatzes.

der Bürgschaftszeit unverzüglich dem Bürgen die Absicht der Inanspruchnahme anzeigt.

Es macht dabei keinen Unterschied, ob es sich um Geld- oder andere Schulden handelt (§ 777).

5. Befreiung des Bürgen von der Bürgschaft Seitens des Hauptschuldners, indem der letztere durch Tilgung der Hauptschuld oder durch Vertrag mit dem Gläubiger ꝛc. die Befreiung herbeiführt. Einen Anspruch auf diese Befreiung hat stets jeder Bürge auf Grund besonderer Vereinbarung mit dem Hauptschuldner. Aber auch ohne solche mit Rücksicht auf seinen Regreß hat diesen Anspruch der als Mandatar oder negotiorum gestor des Hauptschuldners, sei es mit, sei es ohne Einrede der Vorausklage, sich Verbürgende bei wesentlicher Vermögensverschlechterung oder Verzug des Hauptschuldners (dem Gläubiger gegenüber), oder bei nachträglicher wesentlicher Erschwerung der Rechtsverfolgung gegen den Hauptschuldner, oder endlich, nachdem der Gläubiger ein vollstreckbares Urtheil gegen den Bürgen erzielte. Ist die Hauptschuld noch nicht fällig, so muß sich der Bürge mit Sicherstellung begnügen (§ 775).

II. Die außerkontraktlichen Obligationen.

Sie umfassen das einseitige Versprechen, die Anweisung,[1] die Exhibitionspflicht, die Gemeinschaft, die Geschäftsführung ohne Auftrag und die grundlose Bereicherung, endlich die Verbindlichkeiten aus unerlaubter Handlung. Die Anfechtungsrechte der Gläubiger sind vom Gesetz nicht geregelt. Ich greife folgende heraus:

§ 11. Das einseitige Versprechen.

Im Allgemeinen ist dasselbe nicht als geeigneter Begründungsakt eines Schuldverhältnisses anerkannt. Selbst das einseitige Versprechen zu Gunsten einer Stadtgemeinde und das Versprechen einer Zuwendung zu Gunsten eines frommen Zwecks sind nicht mehr verbindlich. In der That liegt eine Ursache zur Begünstigung der Stadtgemeinden nicht vor, und der gleiche Effekt wie durch ein Votum läßt sich durch eine Stiftung erreichen. Das Gesetz steht mit der Negirung einer Verbindlichkeit von pollicitatio und votum auf deutschrechtlichem Boden.

Dagegen erkennt das Gesetz die Auslobung und die Schuld-

[1] Siehe oben S. 41.

verschreibung auf den Inhaber als verpflichtende, einseitige Versprechen an.

I. **Die Auslobung** ist die Aussetzung einer Belohnung für die Vornahme einer Handlung durch öffentliche Bekanntmachung. „Ohne Publikation keine Auslobung.“ Man wird aber zur Publikation verlangen müssen, daß die Bekanntmachung bestimmt und geeignet ist, die Kenntniß des Versprechens dem Publikum zu vermitteln. Daß die Publikation geeignet ist, die Kenntniß der Auslobung gerade denjenigen Kreisen, für welche dieselbe berechnet ist, zu vermitteln, ist nicht zu verlangen. Wer dem Eroberer der ersten feindlichen Kanone einen Preis aussetzt, publizirt genügend, wenn er in der Zeitung seines Heimathsortes die Auslobung einrücken läßt, auch wenn dieselbe im Feindesland von Niemandem in der Armee gelesen wird.

Andererseits ist nicht erforderlich, daß der Personenkreis, an welchen die Auslobung sich richtete, ein ungeschlossener ist. Eine studentische Preisaufgabe, welche denjenigen gestellt wird, die zur Zeit ihrer Stellung bei einer bestimmten Fakultät bereits inscribirt sind, ist zweifellos eine Auslobung.

Ueber die Beschaffenheit der zu belohnenden Handlung enthält sich das Gesetz jeder Andeutung. Es braucht sich, im Gegensatz zu § 988 I 11 des preußischen ALR., nicht um gemeinnützige, ja nicht einmal um nützliche Leistungen zu handeln, nur dürfen sie nicht gesetzlich verboten oder moralisch unerlaubt sein. Auch ein Interesse des Auslobenden an der Erfüllung braucht m. E. nicht vorzuliegen, wenn nur der umgekehrte Fall, Interesse an der Nichterfüllung vorhanden ist. Wenn der Naturheilarzt Mordmann an den Litfaßsäulen anschlägt: 500 Mark sichere ich Demjenigen zu, der nach Gebrauch meiner Kur noch am Lupus leidet, so ist das — Ernstlichkeit vorausgesetzt — eine gültige Auslobung.

Aus der Auffassung der Auslobung als eines einseitigen Versprechens ergiebt sich, daß derjenige, welcher die zu belohnende Handlung vornahm, nicht in Kenntniß der Auslobung gehandelt zu haben braucht. Auch die Präsentation der Leistung braucht nicht in Kenntniß der stattgehabten Auslobung zu erfolgen[1]), und wer nach Vornahme der Handlung stirbt, überträgt seinen Anspruch auf die Erben. Aus der Pollizitationstheorie ergiebt sich weiter die sofortige Bindung

[1]) Nach der Vertragstheorie liegt der Abschluß des Vertrages in der Präsentation der Leistung, vorausgesetzt, daß die Präsentation in Kenntniß der Auslobung erfolgte.

des Auslobenden an die Auslobung, jedoch keineswegs die Unwiderruflichkeit der Auslobung. Denn die Motive heben ganz richtig hervor, daß die Frage der Widerruflichkeit oder Unwiderruflichkeit lediglich davon abhänge, in welchem Sinn die Auslobung erfolgte. Es ist also zweifellos möglich, eine Auslobung unter Vorbehalt des Widerrufs zu machen. Aber allerdings wird man behaupten müssen, daß ohne solchen ausdrücklichen oder aus den Umständen sich ergebenden Vorbehalt der Widerruf ausgeschlossen sein sollte, weil nur nach dem Inhalt der Auslobungserklärung selbst oder nach den begleitenden Umständen auf die Absicht des Auslobenden, sich den Widerruf vorzubehalten, geschlossen werden kann. Es ist deshalb juristisch nicht unangreifbar, wenn das Gesetz im Gegensatz zu § 989 I 11 des preußischen ALR. den Widerruf im Zweifel bis zur Vornahme der Handlung[1]) gestattet. Auch sprechen Billigkeitsgründe für die von uns vertretene Auffassung. Denn oft hat Jemand im Vertrauen auf die Auslobung mit seiner Leistung begonnen und Aufwendungen gemacht. Der Auslobende widerruft jetzt und der Andere hat nun nach den Motiven S. 522 nicht einmal ein Recht auf Ersatz seiner Auslagen. Nach dieser Auffassung hat die Auslobung, wenn sie nicht etwa im einzelnen Fall unwiderruflich ist, jede Rechtssicherheit verloren. Man kann nur Jeden bedauern, der auf eine widerrufliche Auslobung hineinfiel.

Endlich ergiebt sich aus der Pollizitationstheorie, daß bei mehrfacher Vornahme der zu belohnenden Handlung[2]) Derjenige Anspruch auf die Belohnung hat, der zuerst die Handlung vornahm, während nach der Vertragstheorie auf den Moment der früheren Präsentation der Handlung gesehen werden müßte, weil hierin erst die Acceptation der Offerte liegen würde.

Daß das Gesetz in § 661 wenigstens für das Preisausschreiben besondere Bestimmungen aufstellt, ist nur zu billigen. Ein Preisausschreiben ist nur gültig, wenn in der Bekanntmachung eine Frist für die Bewerbung bestimmt wurde, womit dann im Zweifel Unwiderruflichkeit der Auslobung bis zum Ablauf der Frist verknüpft ist. Ferner verbleibt das Eigenthum an dem fertiggestellten Werk dem

[1]) Nicht etwa sogar, bis der Handelnde sich meldete. Natürlich trifft den Handelnden eventuell die Beweislast, daß er zur Zeit des Widerrufs die Handlung bereits vollbracht hatte.

[2]) Ueber den Fall, daß die Handlung nur einmal, aber durch die Thätigkeit Mehrerer vorgenommen wird vergl. § 660.

Preisbewerber, wenn nicht in der Auslobung bestimmt ist, daß er das Eigenthum auf den Auslobenden übertragen muß (§§ 661 Abs. 1 und 4 und 658 Abs. 2 letzter Satz).

II. Die Schuldverschreibung auf den Inhaber. Das BGB. steht in dieser Lehre auf dem Standpunkt der Kreationstheorie. Der verpflichtungsfähige Aussteller haftet kraft der form- und inhaltsgerechten auf seiner freien Handlung beruhenden Ausstellung dem rechtmäßigen Inhaber. Die Ausstellung einer Schuldverschreibung auf den Inhaber setzt also voraus: 1. Handlungsfähigkeit des Ausstellers; 2. Versprechen desselben in urkundlicher Form mit Namensunterschrift, sei sie eigenhändig oder mit seinem Willen durch mechanische Vervielfältigung hergestellt; 3. gehörigen Inhalt der Urkunde, welche in dem Versprechen einer Leistung an den rechtmäßigen Inhaber besteht. Die Leistung kann nicht nur in Geld und Fungibilien, sondern auch in Handlungen und Speziessachen bestehen. Das Leistungsversprechen kann ein abstraktes oder individualisirtes sein, wie letzteres z. B. vorkommt bei den Dividendenscheinen; 4. freien Willen des Ausstellers, eine Schuldverschreibung auf den Inhaber ausstellen zu wollen.

Dabei genügt es nicht, wenn der Wille im Allgemeinen, eine Schuldverschreibung auf den Inhaber auszustellen, vorliegt, sondern der Ausstellungswille muß auf eine Inhaberschuldverschreibung bestimmten Inhalts gerichtet sein. Also auch bezüglich des Inhalts des Schuldversprechens muß Willensfreiheit und Verpflichtungsabsicht vorliegen. Deswegen ist der Irrthum hinsichtlich der Höhe der Schuldsumme,[1]) hinsichtlich der aus dem Papier ersichtlichen causa promittendi ꝛc. bedeutungsvoll. Wenn deshalb weiter ein Rechtslehrer zur Belehrung seiner Zuhörer Formulare von Inhaberpapieren anfertigt und sogar unterzeichnet, so fehlt es am Verpflichtungswillen.

An die Ausstellung, nicht an die Begebung ist die Verpflichtung geknüpft. Es bedarf also nicht eines Begebungsvertrages, wie beim Wechsel. Deshalb haftet der Aussteller auch aus verlorenen oder gestohlenen Papieren. Es bedarf nicht der Emission. Deshalb haften die Erben des Ausstellers, sollte auch die Emmission nach dem Tode oder der eingetretenen Geschäftsunfähigkeit des Ausstellers erfolgt sein (§ 794). Selbst bei auf bestimmte Geldsummen lautenden inländischen

---

[1]) Error in persona des Empfängers ist gleichgültig, weil der Aussteller sich jedem rechtmäßigen Inhaber verpflichten will.

Schuldverschreibungen ist nicht an die Emission, sondern an die Ausstellung die Verpflichtung geknüpft, wenngleich das Gesetz für diese Papiere außer den zu 1—4 genannten Erfordernissen noch die staatliche Genehmigung zur Emission verlangt. Eine ohne solche Genehmigung in den Verkehr gebrachte Schuldverschreibung ist zwar nichtig. Erfolgt die staatlich genehmigte Emission aber nach dem Tode oder eingetretenen Geschäftsunfähigkeit des Ausstellers, so ist die Schuldverschreibung gültig, sollte selbst die Ertheilung der Genehmigung erst nach dem Tode des Ausstellers ꝛc. erfolgt sein.

Ebensowenig, wie nach den vorgehenden Ausführungen die Verpflichtung an den rein äußerlichen, sondern nur an den bestimmten materiellen Erfordernissen entsprechenden Ausstellungsakt geknüpft ist, ebensowenig ist die Berechtigung des Gläubigers einfach mit dem Besitz des Papieres verbunden. Der Inhaber des Papiers ist nur dann Gläubiger, wenn er zur Verfügung über das Papier berechtigt ist. Daß der innehabende Aussteller eines noch nicht begebenen Papiers kein Forderungsrecht hat, ist selbstverständlich, denn er kann keine Forderung gegen sich selbst haben. War aber das Papier in Umlauf und gelangt es an den Aussteller wieder zurück, so kann es von ihm weiter begeben werden. Aber auch der Dieb, der unredliche Finder, der Verwahrer sind trotz des Besitzes des Papieres nicht Gläubiger. Damit der Innehaber das Verfügungsrecht hat, ist vielmehr nothwendig, daß er entweder vom Aussteller durch (gültigen) Begebungsvertrag das Papier erlangte oder daß er den Begebungsvertrag in gutem Glauben mit dem nichtberechtigten Inhaber (Dieb, unredlichem Finder) abschloß (§§ 932 und 935 Abs. 2) oder daß er das derelinquirte Papier occupirte (§§ 958 und 959), oder daß ihm das Papier gültig verpfändet, oder für ihn gültig gepfändet wurde oder daß er es fand und trotz Anzeige bei der Polizeibehörde der Verlierer innerhalb Jahresfrist nicht auftaucht (§ 973), oder daß er es vom Eigenthümer ererbte ꝛc.

Konsequenter Weise müßte danach der Präsentant des Inhaberpapieres dem Aussteller sein Verfügungsrecht beweisen, um Zahlung verlangen zu können. Doch hat das BGB. im Anschluß an das preußische ALR. (§ 179 I 7) die Vermuthung der Rechtmäßigkeit des Besitzes aufgestellt und dieselbe auch auf dem früheren Besitzer wider seinen Willen (durch Diebstahl, Verlieren, Untreue seines Stellvertreters ꝛc.) abhanden gekommene Inhaberpapiere angewendet (§ 1006

Abs. 1). Folglich ist es Sache des Ausstellers, entweder zu zahlen oder die Rechtlosigkeit des Präsentanten seinerseits zu beweisen.

Ist danach der Papierinhaber als solcher auch nicht Gläubiger, so ist er doch Empfangsberechtigter in dem Sinn, daß der Aussteller gültig an ihn zahlen darf (§ 793 Abs. 1 Satz 2). Denn es wäre unbillig, dem Aussteller geradezu die Verpflichtung aufzuerlegen, den vielleicht kostspieligen und doch unsichern Beweis der unrechtmäßigen Innehabung zu unternehmen. Freilich wird durch diese Rücksichtnahme auf den Aussteller die Stellung des Papiereigenthümers — man denke an den Fall, daß ihm das Papier gestohlen wurde — verschlechtert. Denn auch der wissentlich an den Dieb zahlende Aussteller wird Eigenthümer der Schuldurkunde, wenn sie ihm vom Dieb ausgehändigt wird (§ 797, Satz 2), und der Bestohlene hat keinerlei Recht mehr gegen ihn. Deshalb giebt § 850a der CPO. dem bisherigen verfügungsberechtigten Inhaber der Schuldverschreibung die Befugniß, sobald er den Verlust der Urkunde bemerkt, beim Aufgebotsrichter nicht nur das Aufgebotsverfahren behufs Kraftloserklärung des Papiers, sondern auch, sei es mit dem Aufgebotsverfahren zugleich, sei es ohne solches[1]), den Erlaß eines Verbots an den Inhaber zu zahlen (Zahlungssperre) zu beantragen. Das Verbot richtet sich an den Aussteller und die in dem Papier oder von dem Antragsteller bezeichneten Zahlstellen und ist öffentlich bekannt zu machen. Jede nach Erlaß des Verbots geleistete Zahlung ist nichtig[2]) Die Zahlungssperre ist nicht anwendbar für die auf Sicht zahlbaren unverzinslichen Schuldverschreibungen, weil sie, wie Banknoten, eine geldähnliche Natur haben, sowie für Zins-, Renten- und Gewinnantheilscheine (§ 799 BGB.). Sind sie also dem Gläubiger wider seinen Willen abhanden gekommen, so giebts für ihn kein Sicherungsmittel.

Jeder rechtmäßige Inhaber hat als Gläubiger das Recht, Zahlung vom Aussteller gegen Aushändigung des Inhaberpapieres zu verlangen. Es handelt sich also um eine Holschuld. Aber dieses Recht aus dem Papier ist ein befristetes. Es erlischt, wenn das Papier nicht binnen dreißig Jahren nach dem Eintritt des Zahlungs-

---

[1]) Wenn ein Hinderniß seiner Einleitung besteht.

[2]) Das Institut der Zahlungssperre ist bereits in § 15 Nr. 2 des Einführungs-Gesetzes zur CPO. erwähnt. Es bestand bisher nur in Baden und Württemberg (§§ 110 und 111 des bad. Ges. v. 3./3. 79 und Art. 11 ff. des württemb. Ges. v. 18./8. 79.

tages[1]) dem Aussteller zur Einlösung vorgelegt, oder gerichtlich — einerlei ob durch Klage, Widerklage oder Kompensationseinrede — geltend gemacht wird (§ 801). Der Zahlungstag selbst wird gewöhnlich aus dem Inhaberpapier ersichtlich sein. Soweit das nicht der Fall ist, muß der Tag der Ausstellung als Zahlungszeit gelten. Erfolgt andererseits die Vorlegung des Papiers oder die gerichtliche Geltendmachung der aus ihm hervorgehenden Forderung rechtzeitig, so schließt sich an die Vorlegungsfrist noch die zweijährige Verjährungsfrist, beginnend mit dem Ende der Vorlegungsfrist. Der Gläubiger kann also z. B. Klage anstellen, die Klage zurücknehmen und hat dann noch von Beendigung der Vorlegungsfrist an die zweijährige Verjährung für sich. Weil es sich bei der Vorlegungsfrist um eine Präklusivfrist handelt, so findet grundsätzlich keine Hemmung oder Unterbrechung ihres Ablaufs statt. Nur die Zahlungssperre macht nach § 802 eine Ausnahme. Der Antrag auf sie hemmt sowohl den Beginn als den Ablauf der Vorlegungsfrist. Die Hemmung dauert entweder bis zur Beendigung des Aufgebotverfahrens oder bis zum Ablauf von sechs Monaten seit Beseitigung des der Einleitung des Aufgebotsverfahrens entgegenstehenden Hindernisses dann, wenn die Zahlungssperre vor Einleitung des Aufgebotsverfahrens verfügt und vor Alauf der sechsmonatlichen Frist die Einleitung des Aufgebotsverfahrens nicht beantragt wurde.

Die Einführung dieser Präklusivfrist ist nach der Denkschrift S. 98 der Erkenntniß entsprungen, daß die Vorschriften über die Verjährung sich nicht für die besondere Natur der Inhaberpapiere eignen und namentlich in Ansehung des Beginns, der Hemmung und der Unterbrechung erhebliche Schwierigkeiten und Zweifel entstehen würden. Das ist vollkommen richtig, aber inkonsequent ist es, wenn man an die Vorlegungsfrist noch eine zweijährige Verjährungsfrist anhängt. Denn dadurch, daß zwischen die Zahlungszeit und die Verjährung noch eine Vorlegungsfrist eingeschoben wird, werden natürlich die berührten Schwierigkeiten und Zweifel nichi vermieden, sondern höchstens in Folge der Abkürzung der Verjährungsfrist vermindert, da das Papier durch die Vorlegung seine Qualität als Inhaberpapier nicht verliert, sondern noch weiter begeben werden kann.

Dem Anspruch des Inhabers auf Zahlung kann der Aussteller möglicher Weise Einwendungen entgegen zu setzen haben. Doch ist

[1]) Dauer und Beginn der Vorlegungsfrist können von dem Aussteller in der Urkunde anders bestimmt werden (§ 801 Abs. 1).

das Einrederecht des Ausstellers beschränkt. Eine Folge der Kreationstheorie, welche einen gültigen Ausstellungsact verlangt, ist es, daß jedem Inhaber die aus Mängeln des Kreationsaktes entstehenden Einreden entgegenstehen, sei es, daß das Papier gefälscht oder verfälscht wurde,[1]) sei es, daß die Ausstellung erzwungen wurde, oder unter der Herrschaft eines wesentlichen Irrthums oder gar nicht in Verpflichtungsabsicht erfolgte. Weiter ist das Papier Träger des Forderungsrechts. Daraus ergiebt sich, daß alle aus dem Papier selbst ersichtlichen Einreden jedem Inhaber gegenüber zulässig sind, z. B. Einrede der noch nicht eingetretenen Fälligkeit, oder exceptio non adimpleti contractus, wenn ein Kauf als Schuldgrund in der Urkunde steht 2c. Endlich aber hat sich der Aussteller jedem rechtmäßigen Inhaber verpflichtet. Der rechtmäßige Inhaber hat also den Anspruch aus eigenem, vom Recht des Vorgängers unabhängigen Recht. Daraus folgt die Unzulässigkeit aller Einreden aus den Personen der Vormänner und ihre Beschränkung auf diejenigen Einreden, welche dem Aussteller unmittelbar gegen den ansprucherhebenden Inhaber zustehen, z. B. daß dieser dolos handelt, daß gegen ihn eine kompensable Gegenforderung zusteht 2c. (§ 796).

Was übrigens unter Einwendungen, die dem Aussteller unmittelbar gegen den Inhaber zustehen, verstanden werden müsse, ist keineswegs zweifellos. § 689 des E. I. sprach von denjenigen Einwendungen, welche in dem zwischen dem Aussteller und dem Inhaber bestehenden persönlichen Rechtsverhältniß sich gründen. Durch diese Fassung würden zwar die aus den Personen der Vormänner entnommenen Einwendungen abgeschnitten, außerdem aber auch alle anderen Einreden, welche sich weder auf den Ausstellungsakt bezogen, noch aus der Urkunde sich ergeben, wie z. B. die Einrede der Zahlungssperre oder der Verjährung. Demgegenüber ist es ein Vorzug, daß das Gesetz die dem Art. 82 der WO. entstammende Fassung angenommen hat. Denn nun ist es möglich, auch die erwähnten Einreden der Zahlungssperre und der Verjährung unter die dritte Kategorie der Einreden des § 796 BGB. zu subsumiren. Es ergiebt sich dann allerdings hinsichtlich dieser dritten Klasse des § 796 gegenüber Art. 82 der WO. ein Unterschied im Sinn, nicht nur in der Fassung. Denn auch der Art. 82 wollte mit seiner Fassung nur diejenigen Einreden, welche sich in dem zwischen dem Wechselbeklagten und dem

---

[1]) So, wie es präsentirt wurde, ist es eben nicht ausgestellt.

Kläger bestehenden persönlichen Rechtsverhältnisse gründen, zulassen und durch sie nur die aus den Personen der Vormänner entnommenen Einreden abschneiden. Er konnte sich aber auch diese Beschränkung auferlegen, weil er außerdem noch alle Einreden aus Wechselrecht zuließ und unter diese Kategorie auch die Einrede der Verjährung fiel.

Danach ergiebt sich als Sinn des § 796 des BGB.: „Der Aussteller kann dem Präsentanten des Papiers alle Einreden entgegensetzen, ausgenommen solche, aus der Person eines Vorbesitzers." Ein deutlicherer Ausdruck dieses Sinnes im Gesetz wäre wohl zu wünschen gewesen.

Wie steht es nun mit dem Einwand des Ausstellers, die Vorlegungsfrist sei ohne Vorlegung verstrichen? Ist dies Einrede oder negative Litiscontestation? M. E. das Letztere. Man kann, wie ich glaube, hiergegen nicht geltend machen, daß der Ablauf der Ausschlußfrist eine rechtsvernichtende Thatsache sei und daß also der Beklagte wenigstens den Ablauf der Ausschlußfrist beweisen müsse. Denn es handelt sich bei der Forderung aus dem Inhaberpapier um ein von vorn herein befristetes Recht, also um eine dem Recht selbst innewohnende Beschränkung, nicht um von Außen Entgegentretendes. Deshalb hat der Kläger seinerseits zur Begründung seines Anspruchs zu behaupten und im Bestreitungsfall zu beweisen, daß die Vorlegung des Papiers rechtzeitig, d. h. vor Ablauf der Ausschlußfrist, erfolgte. Kann doch auch nur er darüber zuverlässig unterrichtet sein, wann eventuell der Antrag auf Zahlungssperre gestellt wurde.

Nicht nur auf Zahlung hat der Inhaber ein Recht, sondern auch auf Ertheilung einer neuen Schuldverschreibung, wenn die Urkunde in Folge von Beschädigung oder Verunstaltung nicht mehr zum Umlauf geeignet ist, oder abhanden kam oder unterging. Er muß dann natürlich dem Aussteller die alte Schuldverschreibung aushändigen, beziehentlich sie amortisiren lassen und kann sich im letzteren Fall die zur Erwirkung des Aufgebots erforderlichen Zeugnisse (§§ 843 bis 84 CPO.) und Auskünfte ertheilen lassen. Die Kosten hat stets der Inhaber zu tragen (§§ 798—800).

Dagegen hat der Inhaber einer Schuldverschreibung auf den Inhaber nicht das Recht, vom Aussteller die Umschreibung auf den Namen zu verlangen. Der Aussteller ist zu der Umschreibung nur berechtigt, nicht verpflichtet. Dies erscheint vom Standpunkt eines Inhaberpapiere besitzenden Privatmannes aus, der das Inhaberpapier behufs dauernder Anlage seines Vermögens erwarb, um so bedenklicher, als das BGB. die Außerkurssetzung des Papiers beseitigt und der Besitzer eines Inhaberpapieres sich gegen die Gefahren der Veruntreuung nur noch durch die vom guten Willen des Ausstellers abhängige Umwandlung in ein Rektapapier sichern kann (§ 806).

Endlich enthält das Gesetz noch besondere Bestimmungen über einzelne Arten von Inhaberpapieren, welche kurz anzugeben sind:

1. Eine auf Sicht zahlbare unverzinsliche Schuldverschreibung kann nicht amortisirt, ihre Zahlung durch Zahlungssperre nicht verboten werden (§ 799 Abs. 1 letzter Satz BGB. und § 850 Abs. 2 CPO. „sofern die übrigen Erfordernisse für die Einleitung vorhanden sind").

2. Zins-, Renten- und Gewinnantheilscheine (Koupons und Dividendenscheine) sind selbstständige Inhaberpapiere, deren Existenz durch Vernichtung der Hauptschuld keineswegs erlöscht. Ihre Eigenthümlichkeiten sind:

a) Die Vorlegungsfrist beträgt 4 Jahre seit Schluß des Jahres, in welchem die Leistung fällig wurde (§ 801 Abs. 2).

b) Amortisation findet nicht statt (§ 799 Abs. 1 Satz 2). Aber auch ohne solche kann der frühere Besitzer des vernichteten oder ihm sonst abhanden gekommenen Scheines Zahlung verlangen, wenn binnen der Vorlegungsfrist Anzeige vom Verlust an den Aussteller erfolgte und bis zu ihrem Ablauf ein dritter Besitzer des Scheines sich nicht meldete, der Inhalt des Scheines selbst auch diesen Anspruch nicht ausschließt (§ 804). Der Anspruch verjährt in 4 Jahren seit Ablauf der Vorlegungsfrist.

c) Der Aussteller eines Inhaberpapiers, für welches er zugleich Zinsscheine ausgegeben hat, kann bei der Zahlung des Hauptpapiers die Beträge der ihm nicht zugleich zurückgegebenen Koupons zurückbehalten (§ 803).

3. Erneuerungsscheine (Talons) berechtigen den rechtmäßigen Inhaber zum Empfang neuer Zins- und Erneuerungsscheine nur so lange, als der Inhaber der Hauptschuldverschreibung nicht beim Aussteller widersprochen hat. Ist Widerspruch erfolgt, so hat die Aushändigung an den Besitzer der Hauptverschreibung gegen deren Vorlegung zu erfolgen[1]) (§ 800).

---

[1]) Ueber sog. qualifizirte Legitimationspapiere, in denen also der Gläubiger benannt ist, jedoch mit der Bestimmung, daß die Leistung an jeden Inhaber erfolgen kann (Sparkassenbücher 2c., Depotscheine), vergl. § 808.

§ 12. Geschäftsführung ohne Auftrag.

Sie ist Besorgung von Geschäften für einen Andern, ohne von ihm beauftragt oder ihm gegenüber sonst (durch Amt, als gesetzlicher Vertreter ꝛc.) dazu berechtigt zu sein (§ 677 a. A.). Der animus aliena negotia gerendi in dem Sinn, das Geschäft eines Anderen in dessen Interesse vornehmen zu wollen, ist also wesentlich. Wer deshalb ein fremdes Geschäft im Interesse des Geschäftsherrn, wenn auch zugleich mit Rücksicht auf eigenen oder eines Dritten Vortheil, besorgt,[1]) ist Geschäftsführer. Wer dagegen ein fremdes Geschäft, wissend oder nicht wissend, daß es ein fremdes ist, als sein eigenes behandelt, ist es nicht, denn es fehlt die Geschäftsführungsabsicht. Doch soll der Geschäftsherr, dessen Geschäft ein Anderer wissentlich als sein eigenes behandelte (unechte neg. gestio), dieselben Rechte haben, wie wenn der Andere Geschäftsführer ohne Auftrag wäre, ohne doch diesem zum Ersatz der Auslagen verpflichtet zu sein. Nur muß er alles durch die Geschäftsführung des Andern Erlangte diesem nach den Grundsätzen der ungerechtfertigten Bereicherung herausgeben. Daß andererseits der Geschäftsführer den Geschäftsherrn kennt, ist nicht erforderlich und demgemäß error in persona gleichgültig (§§ 686 und 687). Das Geschäft kann, wie beim Auftrag, der verschiedensten Art sein, rechtlicher oder faktischer Natur, und wenn es sich um ein Rechtsgeschäft handelt, so kann es der Geschäftsführer entweder in eigenem Namen auf fremde Rechnung oder auf fremden Namen vornehmen.

Aus der Geschäftsführung entstehen Verbindlichkeiten für den Geschäftsführer, doch möglicher Weise auch solche für den Geschäftsherrn.

1. Der Geschäftsführer hat das Geschäft unter Aufwendung aller Sorgfalt so zu führen, wie das Interesse des Geschäftsherrn, mit Rücksicht auf dessen wirklichen oder muthmaßlichen Willen, oder bei Geschäftsunfähigkeit des Geschäftsherrn mit Rücksicht auf den Willen von dessen gesetzlichen Vertreter, es erfordert (§ 677 a. E.). Muthmaßlicher Wille ist der in Wirklichkeit nicht vorhandene Wille, dessen Vorhandensein man aber nach Lage des Falles annehmen durfte.[2]) Der Geschäftsführer hat also vor allen Dingen die Geschäftsführung ganz zu unterlassen, wenn er erkennen konnte, daß er

[1]) Z. B. man nimmt eine nothwendige Reparatur am Hause des Nachbarn vor, weil man den in Folge der Reparaturbedürftigkeit für das eigene Grundstück zu befürchtenden Schaden abwehren will.

[2]) Der Gegensatz ist nicht „bekannter“ und „muthmaßlicher“ Wille.

sich durch die Uebernahme derselben mit dem wirklichen oder muthmaßlichen Willen des Geschäftsherrn in Widerspruch setze, — ausgenommen, wenn ohne seine Geschäftsführung eine gesetzliche Unterhaltungspflicht des Geschäftsherrn, oder eine im öffentlichen Interesse zu erfüllende privatrechtliche oder öffentlichrechtliche Verpflichtung desselben nicht rechtzeitig erfüllt werden würde (§§ 678 und 679). Hat er aber einmal die Geschäftsführung übernommen, so muß er dies unter allen Umständen dem Geschäftsherrn baldthunlichst anzeigen und, periculum in mora ausgenommen, mit der Weiterführung bis zur Entschließung des Geschäftsherrn warten (§ 681 Satz 1). Auch hat er dem Geschäftsherrn auf dessen Verlangen jederzeit vom Stande des Geschäfts Nachricht zu geben. Ausnahmsweise hat der Geschäftsführer nur grobe Fahrlässigkeit zu vertreten, wenn er nämlich durch seine Geschäftsführung dringende Gefahr von dem Geschäftsherrn — etwa den Verlust einer Sache, der sonst eingetreten sein würde — abzuwenden bezweckt (§ 680). Der Geschäftsführer ist verpflichtet, dem Geschäftsherrn allen durch einen Verstoß gegen seine Pflichten entstandenen Schaden zu ersetzen, namentlich auch dann, wenn er bei Ermittelung des muthmaßlichen Willens des Geschäftsherrn fahrlässig handelte, und also über den muthmaßlichen Willen sich in unentschuldbarem Irrthum befand. Erfüllt er aber seine Verpflichtungen, so haftet er für den aus seiner Geschäftsführung etwa entstandenen Schaden nicht. Er haftet auch niemals ohne Weiteres für den Zufall, selbst dann nicht, wenn er das Geschäft wissentlich gegen den Willen des Geschäftsherrn vornahm.[1]) Was er aus der Geschäftsbesorgung erlangt, muß er dem Geschäftsherrn herausgeben; herauszugebendes, aber für sich verwendetes Geld muß er von der Verwendung an verzinsen (§ 681 Satz 2).[2])

Auf Erfüllung aller dieser Verpflichtungen geht die actio negotiorum gestorum directa gegen den Geschäftsführer oder dessen Erben. Letztere sind auch, wie der Geschäftsführer selbst, das begonnene Geschäft zur Vermeidung der Schadensersatzpflicht fortzuführen verpflichtet, doch kann die Fortsetzung der Geschäftsführung bis zur Beendigung des begonnenen Geschäfts weder gegen den Geschäftsführer noch gegen dessen Erben durch Klage erzwungen werden.[3])

---

[1]) Anders l. 10. D. de negotiis gestis 3. 5.

[2]) Ueber die Verpflichtungen des Geschäftsunfähigen oder in der Geschäftsfähigkeit beschränkten negot. gestor § 682.

[3]) Abweichend § 257 I. 13 des preußischen ALR.

2. Die Verpflichtung des Geschäftsherrn gegen den Geschäftsführer geht auf Ersatz der von Letzterem gemachten Aufwendungen, einerlei, ob das Geschäft dem Geschäftsherrn schließlich Vortheil oder Schaden gebracht hat. Sie wird mit der actio negot. gestor. contraria geltend gemacht. Die Voraussetzungen dieser Klage sind:

a) Die Absicht des Geschäftsführers bei Vornahme des Geschäfts, vom Geschäftsherrn Ersatz zu verlangen (sog. animus recipiendi) (§ 685 Abs. 1).

b) Daß die Geschäftsführung dem Interesse und dem wirklichen oder muthmaßlichen Willen des Geschäftsherrn beziehentlich seines gesetzlichen Vertreters entsprach.[1]) Der Streit über die Bedeutung des negotium utiliter gestum ist also gegen die Doktrin, welche das Interesse des Geschäftsherrn nach objektivem Maß bemessen will, entschieden. Die Geschäftsführung liegt nach dem Gesetz nur dann im Interesse des Geschäftsherrn, wenn der Geschäftsführer so handelt, wie der Geschäftsherr bei Kenntniß der einschlagenden Verhältnisse vermuthlich selbst gehandelt haben würde. Der Geschäftsführer muß also das Interesse des Geschäftsherrn so wahrgenommen haben, wie muthmaßlich letzterer es verstand. Er muß das *Interesse* wahrgenommen haben. Interesse mußte also vorliegen. Irrt sich daher der Geschäftsführer über das Vorhandensein von Interesse, so hat er keine Klage. Liegt aber Interesse vor, so hat der Geschäftsführer nur dann eine Klage, wenn er sich bei Wahrnehmung desselben nicht mit dem wirklichen oder vermuthlichen Willen des Geschäftsherrn in Widerspruch setzte. Deswegen cessirt seine Klage, wenn er gegen den Willen des Geschäftsherrn handelte, sollte dieser Wille auch noch so unsinnig sein,[2]) sei es, daß der Wille des Geschäftsherrn gegen die Geschäftsführung überhaupt oder auch nur gegen die Person dieses Geschäftsführers gerichtet war. Auch macht es für den Ausschluß der act. neg. gest. contr.[3]) keinen Unterschied, ob der Verstoß

---

[1]) § 683. Wenn in § 677 dem Geschäftsführer die Pflicht auferlegt wird, so zu handeln, wie das Interesse des Geschäftsherrn mit Rücksicht auf dessen wirklichen oder muthmaßlichen Willen es erfordert, so besagt diese abweichende Fassung m. E. doch nichts Anderes, als was in § 683 für die actio negot. gest. contr. verlangt wird.

[2]) Ausnahmen: § 679.

[3]) Wohl aber für die actio directa. Diese ist nur gegeben bei unentschuldbarem Irrthum über den muthmaßlichen Willen. Die contraria dagegen cessirt, auch wenn der neg. gestor entschuldbarer Weise gegen den muthmaßlichen Willen handelte. Die in § 678 (actio neg. gest. directa) enthaltenen Worte: „und mußte der Geschäftsführer dies erkennen" fehlen in § 683 (act. neg. gest. contraria).

des Geschäftsführers gegen den Willen des Geschäftsherrn auf einem entschuldbaren oder unentschuldbaren Irrthum beruht. Genehmigung des Geschäftsherrn heilt natürlich sämmtliche Mängel und auch ohne Genehmigung haftet der Geschäftsherr wenigstens auf die Bereicherung (§ 684).

Liegen andererseits diese eben besprochenen Voraussetzungen der actio neg. gest. contr. vor, so geht der Anspruch des Geschäftsführers auf Ersatz aller gemachten Aufwendungen, seien dieselben nothwendig, nützlich oder auch nur angenehm. Der Geschäftsführer kann Ersatz verlangen, gleich als ob er zu den gemachten Aufwendungen Auftrag erhalten hätte (§ 683 Satz 1 a. E.).

§ 13. Die ungerechtfertigte Bereicherung.

Nicht auf der nackten Thatsache der Bereicherung aus fremdem Vermögen beruht die Verpflichtung zur Herausgabe des Vortheils an den Benachtheiligten, sondern auf der ohne rechtfertigenden Grund erfolgten Bereicherung. Es muß von dem Bereicherten auf Kosten eines Andern etwas, d. h. ein Vermögensvortheil, ohne rechtlichen Grund erlangt sein[1]) (§ 812).

Die Voraussetzungen der Bereicherungsklage sind also:

1. Erlangung eines Vermögensvortheils. Derselbe kann der verschiedensten Art sein und auf die verschiedenste Weise erlangt werden. Er kann bestehen in Eigenthums- oder Besitzerwerb, in Erwerb von dinglichen Rechten (auch von Pfandrechten) oder in der Befreiung von solchen, in der Erlangung von Forderungen oder der Befreiung von Schulden. Ja, auch in der Erlangung eines Schuldanerkenntnisses (§ 812 Abs. 2), mag nun das Bestehen oder das Nichtbestehen eines Schuldverhältnisses anerkannt werden. Denn die Anerkennung des Bestehens eines Schuldverhältnisses wirkt als selbstständiger Verpflichtungsgrund, die Anerkennung des Nichtbestehens eines Schuldverhältnisses aber würde der Geltendmachung jedes Anspruchs aus dem als nicht bestehend anerkannten Schuldverhältniß einredeweise entgegen gesetzt werden können.

Das römische Recht sah auch die Nichtverminderung des Vermögens, namentlich die Ersparung von Ausgaben,[2]) als Bereicherung an. M. E. ist es nicht zweifelhaft, daß auch nach den BGB. diese

[1]) Ein Anklang an den alten Satz: neminem alterius detrimento locupletiorem fieri findet sich in § 816.

[1]) z. B. durch Zahlung fremden Geldes, durch Verzehren fremder Sachen.

Fälle unter § 812 Abs. 1 Satz 1 gehören, zumal sich auch sprachlich zur Noth sagen läßt, die nicht eingetretene Vermögensminderung sei ein erlangter Vermögensvortheil.

Der Vermögensvortheil kann auf die verschiedenste Weise erlangt werden. Zunächst durch Handlungen des Benachtheiligten oder seines Vertreters, indem dieser z. B. durch den sog. dinglichen Vertrag bei Nichtigkeit das obligatorischen Veräußerungsvertrages Eigenthum überträgt, oder ohne rechtlichen Grund einem Andern gegenüber eine Verbindlichkeit eingeht (§ 821). Aber auch durch Handlungen des Bereicherten selbst, indem dieser culpos oder gar dolos fremdes Geld ausgiebt, fremde Sachen in Besitz nimmt, oder über einen fremden Gegenstand mit bindender Kraft für dessen Eigenthümer durch entgeltlichen Veräußerungsvertrag verfügt (§ 816), z. B. als fälschlich eingetragener Eigenthümer eines Grundstücks dasselbe an einen gutgläubigen Erwerber verkauft und aufläßt. Der Verkäufer ist hier durch den Kaufpreis bereichert. Oder durch Handlungen eines Dritten, der z. B. irrthümlich den Weizen des A anstatt in dessen Grundstück in dasjenige des B versäete. Oder endlich durch Naturereignisse, indem z. B. Fische aus dem Teich des A durch Ueberschwemmung in den benachbarten Fischteich des B gerathen.

2. Der Vermögensvortheil muß auf Kosten einer andern physischen oder juristischen Person erlangt sein. Das wird natürlich stets der Fall sein, wenn aus dem Vermögen des Benachtheiligten etwas in das Vermögen des Bereicherten übertragen wurde. Aber es ist dies nicht der einzige Fall. Denn der Vermögensvortheil braucht nur auf Kosten des Andern erlangt zu werden, nicht aus dessen Vermögen herzurühren. Dies trifft z. B. zu, wenn der Bereicherte durch Gebrauch fremder Sachen Miethsgeld erspart oder durch Vermiethung fremder Sachen Miethsgeld erlangt hat, wenn er als Verkäufer fremder Sachen Eigenthum übertrug ꝛc. Im letzteren Fall stammt der erlangte Kaufpreis nicht aus dem Vermögen des Eigenthümers; er wird aber auf dessen Kosten erlangt (§ 932).

3. Die Erlangung des Vermögensvortheils muß des rechtlichen Grundes entbehren. Auf die Frage, wann dies zutreffe, bleibt aber das Gesetz die prinzipielle Antwort schuldig. Zwar, wie schon Windscheid hervorhob:[1]) es ist nicht möglich „auf diese Frage mit einer

---

[1]) Pandekten II § 422 a. O.

alle Fälle umfassenden Formel zu antworten". Immerhin wäre eine schärfere Abgrenzung der „ungerechtfertigten Bereicherung" möglich[1]) und erwünscht gewesen. Anstatt dessen hebt das Gesetz einzelne Fälle besonders hervor:

a. Die Erfüllung eines Anspruchs, der mit einer Einrede behaftet ist, durch welche seine Geltendmachung dauernd ausgeschlossen (der Anspruch selbst aber nicht zerstört[2]) wird. Sie entbehrt des rechtfertigenden Grundes dann, wenn sie in Unkenntniß des Bestehens der Einrede erfolgte (§§ 813 und 814). Zu solchen Einreden gehören z. B. exceptio pacti de non petendo,[3]) inventarii, die Einreden aus den §§ 821, 1166, 1973, 2187.

Ausgenommen ist jedoch durch § 813 Satz 2 die Rückforderung des zur Befriedigung eines verjährten Anspruches Geleisteten. Auch erkennt das Gesetz die materiellen Einreden der Aufrechnung und Anfechtung nicht mehr an. Die Vorstellung, daß eine anfechtbare oder durch Kompensation tilgbare Forderung mit einer Einrede behaftet sei, ist aufzugeben. Kompensation und Anfechtung schließen auch die Geltendmachung des Anspruchs nicht nur dauernd aus, sondern zerstören den Anspruch selbst.

Von selbst versteht es sich darnach, daß die Zahlung einer vermeintlichen Schuld erst recht des rechtlichen Grundes entbehrt, wenn dieser schon fehlt, falls auf einen durch zerstörende Einrede entkräftbaren Anspruch gezahlt wurde (§ 814). Doch wird das Fehlen einer rechtlichen Leistungspflicht durch das Vorhandensein einer sittlichen Pflicht oder Anstandsrücksicht ersetzt (§ 814 letzter Satz.[4])

b. Leistung zum Zweck der Herbeiführung eines bestimmten Erfolges ist grundlos, wenn der bezweckte Erfolg nicht eintritt (§ 815). Man wird dabei jedoch verlangen müssen, daß die Leistung geradezu

---

[1]) Bekker, Pandekten II § 100 und § 101 verwendet dazu den Begriff der Zuwendung und ihrer causa.

[2]) Mot. I. 313.

[3]) M. E. ist es auch nach dem BGB. möglich, diese Einrede in dem Sinn aufrecht zu erhalten, daß die Geltendmachung der Forderung dauernd ausgeschlossen sein soll. Die freiwillige Erfüllung der Forderung ist dann nicht Schenkung, sondern Zahlung.

[4]) Die Frage nach der Beweislast ist vom Gesetz nicht geregelt. M. E. wird man dem Benachtheiligten den Beweis für seine Zahlung und für die Nichtexistenz oder einredeweise Entkräftbarkeit der vermeintlichen Verbindlichkeit aufbürden müssen. Sache des Bereicherten ist es dann, die Kenntniß des Benachtheiligten oder das Vorhandensein einer sittlichen oder Anstandspflicht zu behaupten und zu beweisen.

unter der aus dem Inhalt des Rechtsgeschäfts erkennbaren Voraussetzung des Eintritts des bezweckten Erfolges geschah.[1]) Ob dann der Eintritt des Erfolges durch Verschulden des Leistungsempfängers oder durch Zufall verhindert wurde, ja selbst, ob er von vorn herein[2]) unmöglich war, macht keinen Unterschied, wenn nur der Leistende die Unmöglichkeit nicht kannte. Kannte er sie dagegen, oder hat er den Eintritt des Erfolges wider Treu und Glauben verhindert, so cessirt die Rückforderung des Geleisteten.[3])

c. Leistung zu einem solchen erklärten Zweck, daß der Empfänger durch die Annahme der Leistung gegen ein gesetzliches Verbot oder gegen die guten Sitten verstößt (§ 817), entbehrt des rechtlichen Grundes. Es ist gleichgültig, ob die Leistung in Rücksicht auf einen künftigen Erfolg,[4]) namentlich auf ein späteres Verhalten des Empfängers, um diesen zu Handlungen oder Unterlassen zu bestimmen, oder in Rücksicht auf vergangene Ereignisse[5]) geschieht, z. B. als Bezahlung für früher unterlassene Verbrechen. Auch kann der Leistungszweck selbst ein durchaus erlaubter sein. Denn einzig und allein darauf kommt es an, ob in Rücksicht auf den gesetzten Zweck in der Annahme der Leistung durch den Empfänger ein Verstoß gegen Gesetz oder Moral liegt. Deshalb ist Kenntniß des Empfängers von dem gesetzten Zweck im Moment der Annahme erforderlich.[6])

d. Grundlos ist die Bereicherung durch unerlaubte Handlung (§ 852 Abs. 2) und

e. durch Verfügung, die ein Nichtberechtigter über Gegenstände des Berechtigten in für diesen wirksamer Weise trifft oder durch Leistung, die der Schuldner einem Nichtberechtigten mit Wirksamkeit gegen den Berechtigten macht (§ 816). Möglicherweise fällt solche

---

[1]) § 812 Abs. 1. „Wenn der mit einer Leistung nach dem Inhalt des Rechtsgeschäfts bezweckte Erfolg nicht eintritt."

[2]) Z. B. weil er schon vorher eingetreten war. Vergl. jedoch Mot. II. 843.

[3]) Die Beweislast für das Vorhandensein eines der in § 815 erwähnten Fälle trifft den Bereicherten.

[4]) Gebiet der condictio ob turpem causam.

[5]) Gebiet der condictio ob iniustam causam, jedoch in ihrer Beschränkung auf Leistungen des Benachtheiligten. Die Fälle also, in denen Jemand sich durch unbefugte Eigenmacht bereichert, z. B. der unredliche Besitzer Früchte verzehrt — l. 6 und 7 D. de condict. ob turp. caus. 12. 5 — fallen nicht unter § 817 sondern unter § 812 „in sonstiger Weise". Vergl. auch lit. d. des Textes.

[6]) Das preußische ALR. § 206 I. 16 verlangt diese Kenntniß nur, wenn zu einem unehrbaren Zweck etwas gegeben wurde.

Verfügung bereits unter d, wenn z. B. der Nichteigenthümer schlechtgläubig fremde bewegliche Sachen verkauft und übergiebt (§ 932), nothwendig ist jedoch dies nicht. Die Bestimmung hat die Fälle des § 185 (Veräußerung auf eigenen Namen, mit sofortiger oder nachträglicher Genehmigung des Berechtigten), der §§ 892 und 893 (Erwerb oder Leistung auf Grund des öffentlichen Glaubens des Grundbuchs) und der §§ 932, 933, 935 Abs. 2 und 936 (Erwerb von beweglichen Sachen, auch Inhaberpapieren, durch Veräußerung Seitens eines Nichtberechtigten an den gutgläubigen Erwerber oder durch öffentliche Versteigerung § 156) im Auge. Auch § 407 (Zahlung des gutgläubigen cessus an den Cedenten) und die §§ 2366 und 2307 (Verfügungen Seitens des und Leistungen an den durch Erbschein fälschlich Legitimirten) gehören hierher. In solchen Fällen hat der Verfügende Nichtberechtigte das Seitens des Erwerbers geleistete Entgelt zwar nicht ohne rechtlichen Grund; denn seine Verfügung ist gültig und wirksam. Aber grundlos ist es, daß er dieses Entgelt auf Kosten des Berechtigten erhält.

Bei diesem Punkte entsteht die Frage, ob auch in anderen Fällen, in denen die Bereicherung ohne den Willen des Benachtheiligten, aber kraft gesetzlicher Vorschrift sich vollzieht, eine grundlose Bereicherung vorliegt, z. B. durch Verbindung, Vermischung, Verarbeitung, Funderwerb, Ersitzung, Fruchterwerb des gutgläubigen Eigenbesitzers u. s. w.?

Schon die Aufnahme des § 816 ergiebt per arg. e contr. im Allgemeinen die Verneinung der Frage. Auch soll nach der Mot. II S. 852 in jedem einzelnen derartigen Fall, in welchem das Gesetz nicht durch ausdrückliche Vorschrift die Prüfung überhebt, geprüft werden müssen, ob der Rechtsverlust des bisherigen Berechtigten zugleich einen Vermögensverlust desselben (durch Nichgewährung eines Bereicherungsanspruchs) nach sich ziehen solle oder nicht. M. E. wird sich dabei die Prüfung auf zwei Punkte zu erstrecken haben, einmal, ob aus den Beziehungen der Interessenten zu einander sich ein Grund dafür ergiebt, daß der Erwerb auf Kosten des bisher Berechtigten gemacht werde, — was regelmäßig nicht der Fall sein wird; und weiter, ob etwa aus den gesetzgeberischen Erwägungen, die zur Einführung der den Rechtsverlust wirkenden Bestimmungen führten, ein solcher Grund zu entnehmen ist. Denn hierauf wird deshalb besonderes Gewicht gelegt werden müssen, weil es sich eben um Rechtserwerb kraft gesetzlicher Vorschrift und ohne den Willen des bisherigen Berechtigten handelt. Deshalb wird man z. B. beim Erwerb durch Ersitzung einen Bereicherungsanspruch des bisherigen Eigenthumes nicht anerkennen dürfen, weil sonst das Grundprinzip der Ersitzung, die objektive Sicherung des Verkehrs in Gefahr gerathen würde. Das Gleiche muß aber bei der Ausschließung gemäß § 927 BGB. gelten.

Uebrigens überhebt das Gesetz in einer Reihe von Fällen dieser Prüfung, indem es ausdrücklich den Bereicherungsanspruch gewährt (§§ 951 und 977). In anderen z. B. dem des § 964 halte ich einen solchen für gegeben;[1]) gegenüber dem Fruchterwerb des bonae fidei possessor wider nicht (§ 955). Auch in diesem Fall wäre übrigens gegenüber den in der gemeinrechtlichen Doktrin bestehenden Meinungsdifferenzen eine ausdrückliche Entscheidung, wie sie sich aus § 748 Abs. 2 des I. E. ergab, wünschenswerth gewesen.

f. Grundlos ist endlich die Bereicherung, wenn sie zwar mit rechtlichem Grund erfolgte, derselbe später aber wieder fortfiel. Z. B. der Gläubiger hat nach Tilgung der Schuld den Schuldschein noch in Händen, oder eine Schenkung wird nach Erfüllung des Schenkungsversprechens widerrufen. Dagegen liegt m. E. kein Fall der condictio ob causam finitam vor, wenn der Anfechtungsberechtigte nach Zahlung seiner Schuld die bezahlte Forderung anfechten wollte, wie die Mot. II S. 832 meinen. Denn durch die Zahlung ist die anfechtbare, aber doch durchaus gültige Schuld getilgt und bleibt es auch, wenn nicht die Zahlung erfolgreich angefochten wird.

4. Der Vermögensvortheil oder sein Werth müssen zur Zeit der Klaganstellung noch im Vermögen des Bereicherten sich befinden (§ 818 Abs. 3).

Das Vorhandensein von Bereicherung zur Zeit der Klaganstellung ist gleichgültig in folgenden Fällen:

a) Wenn der Bereicherte zur Zeit des Eintritts der Bereicherung das Fehlen des rechtlichen Grundes kannte oder es später erfuhr. Er haftet auf die zur Zeit des Eintritts der mala fides vorhandene Bereicherung (§ 819 Abs. 1).

b) Wenn der Bereicherte durch die Annahme der Leistung gegen Gesetz oder Moral verstieß. Er haftet auf die zur Zeit der Annahme der Leistung bewirkte Bereicherung (§ 819 Abs. 2).

---

[1]) A. M. Mot. zu § 909 letzter Abs. des I. E.

c) Wenn nach dem Inhalt des der Leistung an den Bereicherten zu Grunde liegenden Rechtsgeschäfts der mit der Leistung bezweckte Erfolg als ungewiß[1]) oder der Wegfall des Rechtsgrundes, auf den hin die Leistung erfolgte, als möglich[2]) angesehen wurde. Der Empfänger haftet auf die durch den Empfang der Leistung bewirkte Bereicherung (§ 820).

Aus den bisherigen Erörterungen ergiebt sich der Anschluß des BGB. an die römische Kondiktionenlehre. Aber das Gesetz sucht die einzelnen Kondiktionen zu einer einzigen Bereicherungsklage zu verschmelzen, deren Sitz der § 812 erster Satz ist. Diese Klage ist eine persönliche. Sie geht also grundsätzlich nur gegen den Bereicherten und seine Universalsuccessoren. Hat jedoch der Bereicherte in dem Glauben, ein Recht auf die Bereicherung zu haben (§ 813 Abs. 3 in Verbindung mit § 819), das Erlangte unentgeltlich einem Dritten zugewendet, so ist der Dritte zur Bereicherungsklage passiv legitimirt, weil in Folge des guten Glaubens des Schenkers seine Verpflichtung zum Schadensersatz ausgeschlossen ist (§ 822). Auch der öffentliche Glaube des Grundbuchs schützt nicht gegen diese Herausgabepflicht. Maßgebend für den Erlaß dieser Bestimmung ist offenbar der Gedanke gewesen, daß, wer nur Vortheil sucht, Demjenigen nachstehen muß, welcher Schaden von sich abwehren will, — ein bereits in § 96 der Einleitung des preußischen ALR. anerkannter Satz.

Die Klage ist zunächst auf Herausgabe der Bereicherung in natura, einschließlich der gezogenen Nutzungen oder des sonst aus dem Empfangenen Erworbenen, z. B. mit dem gegebenen Gelde Gekauften, gerichtet, eventuell § 818 Abs. 2 auf Ersatz des Werthes. Vom Moment der Rechtshängigkeit des Anspruchs an haftet der Beklagte für omnis culpa, Ersatz der schuldvoll versäumten Früchte sowie für Zinsen der zu ersetzenden Werthssumme (§§ 818 Abs. 4, 290 und 291, 987—989). In den Fällen sub 4a—c besteht von vorn herein die gesteigerte Haftpflicht.[3])

---

[1]) Z. B. ein Betrag zur Errichtung eines Denkmals auf dem Berliner Schloßplatz wird gegeben. Dann wird die Genehmigung nicht ertheilt.

[2]) Auf Grund eines für vorläufig vollstreckbar erklärten oder eines im Urkundenprozeß unter Vorbehalt der Rechte des Beklagten erlassenen Urtheils wird geleistet.

[3]) Eine Modifikation § 820 Abs. 2.

§. 14. Die Schadensersatzpflicht aus unerlaubten Handlungen.

Während nach römischem und gemeinem Recht außerhalb eines Vertrages oder vertragsähnlichen Verhältnisses Schadensersatzansprüche nur aus den Thatbeständen eines der anerkannten Privatdilikte entstehen, hat das preußische Recht eine einzige allgemeine Klage aus unerlaubter Handlung ausgebildet, deren Voraussetzung nur ist, daß widerrechtlich, d. h. ohne ein Recht zur Schadenszufügung, aus Vorsatz oder Versehen einem Andern Schaden zugefügt wurde (§§ 8 und 10 ff. I. 6 des ALR.).

Auf diesem Standpunkt steht im Allgemeinen auch das BGB. Namentlich hält es an dem Verschuldungsprinzip fest und lehnt also das Veranlassungsprinzip, den Grundsatz, daß der Verursacher eines Schadens als solcher haftet, ab. Ebenso wird aber auch die allgemeine Regel abgelehnt, daß die vorsätzlich oder fahrlässig widerrechtliche Schadenszufügung Ersatzverbindlichkeit wirke und der Rechtskreis des Einzelnen, dessen Verletzung zur Schadensersatzpflicht führen soll, schärfer abgegrenzt.

Nach dieser Abgrenzung können folgende Verletzungen zur Schadenersatzpflicht führen:

1. Verletzung von Leben,[1]) Körper, Gesundheit, Freiheit, Eigenthum oder sonstigem Recht eines Andern. Unter Letzterem wird man in erster Linie die dinglichen Rechte, aber auch den Besitz und immaterielle Güter (Namen-, Marken-, Urheberrecht) zu verstehen haben. Abgesehen von der Verletzung solcher immaterieller Güter haben wir es also vorzugsweise mit dem Gebiet der actio legis Aquiliae und ihren Erweiterungen zu thun.[2]) Bekanntlich soll nach Einigen von ihm auch die Verletzung obligatorischer Ansprüche auf eine Sache umfaßt werden und es fragt sich, ob diese Auffassung durch das BGB. getheilt wird? Denn dem Wortlaut nach umfaßt „sonstiges Recht" auch die Forderungsrechte. Sieht man indessen näher zu, so ergiebt sich, daß das Gesetz keineswegs die Verletzung jedes Forderungsrechts als unerlaubte Handlung betrachtet, sondern nur gewisse Forderungsrechte gegen Verletzung durch dritte Personen schützt und sich im Großen und Ganzen auf eine Kodifikation der in dieser Beziehung gemein-

[1]) Verletzung des Lebens ist nicht lebensgefährliche Verletzung, sondern Tödtung. Danach ist die Fassung des § 823 Abs. 1: „Wer . . . . das Leben . . . . eines Andern widerrechtlich verletzt (d. h. ihn tödtet), ist dem Andern (dem Getödteten) schadensersatzpflichtig" keine glückliche.

[2]) Aber auch das Gebiet des furtum gehört hierher.

rechtlich herrschenden Rechtsnormen[1]) beschränkt, sie höchstens hier und da etwas erweiternd. Dies ergeben die §§ 844 und 845 des BGB., nach denen der zur Schadensklage berechtigt ist, welchem durch schuldhafte Tödtung eines Menschen die gesetzliche Alimentationsberechtigung zerstört oder durch Tödtung, Körperverletzung, Gesundheitsschädigung oder Freiheitsentziehung des Dienstpflichtigen der gesetzliche Anspruch auf Dienstleistung in Haus oder Gewerbe zerstört oder auch nur beeinträchtigt wird. Im Uebrigen aber gilt die Verletzung von Forderungen nicht als Delikt. Wer also die Forderung des Käufers eines Pferdes durch Tödtung des Pferdes zerstört, hat nicht mit der Schadensklage zu haften. Der obligatorisch Berechtigte bedarf auch in der That nicht der Schadensklage, da er nach § 323 Abs. 2 anderweit geschützt ist, indem ihm das Recht zusteht, Herausgabe des von seinem Schuldner für das Pferd erlangten Ersatzes oder Abtretung von dessen Ersatzanspruch zu verlangen. Umgekehrt kann aber der Verkäufer, welcher für einen hohen Preis sein Pferd verkauft hatte, und dessen Forderung auf diesen Preis durch Tötung des Pferdes von dritter Hand zerstört wurde, bei Geltendmachung seines Ersatzanspruchs gegen den Delinquenten auch die Differenz zwischen dem Werth des Pferdes und dem Kaufpreis in Rechnung stellen. Denn er ist nach § 823 Abs. 1 durch Verletzung seines Eigenthums beschädigt und kann nun natürlich vollen Schadensersatz verlangen.[2]) Vertrags-Forderungen, die an die Lebenszeit des Schuldners geknüpft sind, und welche durch Tödtung des Schuldners vorzeitig abgeschnitten werden, sind danach allerdings schutzlos.

2. Verstoß gegen ein den Schutz eines Andern bezweckendes Gesetz und bei Beamten außerdem auch gegen eine Schutz bezweckende Dienstvorschrift (§ 839 Abs. 1 Satz 1). Verstößt der Spruchrichter bei dem **Urtheile** gegen ein Gesetz, so kommt Letzteres nur in Betracht, wenn es für Pflichtverletzungen öffentliche, im Wege des Strafprozesses zu verhängende Strafen androht. § 839 Abs. 2. Die Rechtssphäre des Einzelnen wird nämlich nicht nur abgegrenzt durch seine Vermögens- und Persönlichkeitsrechte, sondern auch durch Gesetze, die dem Einen, sei er Privatmann oder Beamter, im Interesse des Andern Pflichten auferlegen, ihm ein bestimmtes Verhalten ge-

---

[1]) RGE. Bd. 9, 165; Bd. 22, 138 und 139.

[2]) Wer andererseits, etwa als Miether eines Pferdes, welches, begünstigt durch seine Fahrlässigkeit, ein Dritter zerstörte, dem Eigenthümer ersatzpflichtig ist, kann gegen die Leistung des Ersatzes Abtretung des Schadensanspruchs an den Thäter verlangen (§ 855).

bieten oder verbieten. Aber nur insoweit Derjenige, zu dessen Schutz das verletzet Gesetz dienen soll, geschädigt wird, und nur insoweit Interessen, zu deren Schutz das Gesetz gegeben war, verletzt wurden, besteht Schadensersatzpflicht. Sie besteht nicht, insoweit dritte Personen mittelbar durch Verletzung des Schutzgesetzes Schaden erlitten. Wer also z. B. einer Polizeivorschrift zuwider bei Straßenbauten eine Grube Nachts unbedeckt gelassen hat, in welche ein Weichensteller hineinfällt ohne Schaden zu nehmen, der haftet nicht für den Schaden, der etwa einzelnen Reisenden durch Verspätung entstand, weil der Weichensteller in Folge seines Falles zu spät in den Dienst kam und nun wegen falscher Weichenstellung der Zug entgleiste.

Derartige Schutz-Gesetze werden meistens dem Gebiet des Strafrechts angehören, nur immer vorausgesetzt, daß sie Rechtsgüter des Einzelnen im Gegensatz zu den Rechtsgütern der Gesammtheit zu schützen bestimmt sind.[1]) Auch wird ihre Verletzung vielfach zugleich eine Verletzung der sub 1 genannten Rechtsgüter des Andern enthalten. Andererseits ist dies nicht nothwendig, da durch Uebertretung von Schutzgesetzen auch ohne Verletzung eines solchen Rechtsguts Schaden entstehen kann. Denn wenn z. B. Jemand einen Mastochsen ohne genügende Vorsicht auf der Straße stehen läßt, dieser sich losreißt und einem zum Gericht eilenden Passanten zu einem Umweg und dadurch zu einem Kontumazialurtheil verhilft, so sind die Kosten des Versäumnißverfahrens durch Uebertretung von § 355 Nr. 5 des StGB. ohne Verletzung eines Rechtsgutes verursacht. Auch wird nur durch die Kategorie zu 2 die Ehre des Menschen geschützt, da das Gesetz sie nicht zu den Rechtsgütern eines Menschen zählt. Demgemäß hat § 823 Abs. 2 gerade und ausschließlich die Fälle im Auge, in denen durch Verletzung eines Schutzgesetzes ohne gleichzeitige Verletzung eines Rechtsguts Schaden verursacht wird.[2])

Aber das BGB. giebt zugleich selbst einige neue Schutzgesetze in den §§ 824 und 825. Ersterer Paragraph stellt die Schadensersatzpflicht auf für den Fall fahrlässiger, wahrheitswidriger Behauptung oder Verbreitung von kreditgefährdenden oder sonstige Nachtheile für

[1]) Vergl. über diesen Gegensatz: von Liszt, Lehrbuch des deutschen Strafrechts § 81.

[2]) Die Schadensersatzpflicht wegen Uebertretung von Schutzgesetzen hat danach einige Berührung mit § 26 I. 6 des ALR., nach welchem ein Vernachlässiger eines auf Schadenszufügungen abzielenden Polizeigesetzes für allen Schaden, der durch die Beobachtung desselben hätte vermieden werden können, ebenso haftet, als wenn derselbe aus seiner Handlung unmittelbar entstanden wäre.

Erwerb oder Fortkommen herbeiführenden Thatsachen, und enthält also insofern eine Erweiterung des in § 187 des StGB. enthaltenen Schutzes. Doch bezieht sich diese Erweiterung nicht auf den Fall, daß der Verbreiter oder der Empfänger der Mittheilung an ihr ein berechtigtes Interesse hat (§ 824 Abs. 2), z. B. ein Auskunftsbureau macht fahrlässig unrichtige Mittheilungen. Der § 825 aber erweitert den in den §§ 173, 176 Nr. 2, 179 und 182 des StGB. für Personen weiblichen Geschlechts enthaltenen Schutz gegen außerehelichen Geschlechtsverkehr auf Fälle, in denen der Verkehr zwar ohne Verletzung eines strafrechtlichen Schutzgesetzes stattfand, aber doch durch Hinterlist,[1]) Drohung, Mißbrauch eines Abhängigkeitsverhältnisses die Frauensperson zur Gestattung des Verkehrs bestimmt wurde. Geschlechtliche Unbescholtenheit der Frauensperson ist dabei nicht verlangt, und nach dem Gesetz wird also auch eine Dame der Halbwelt auf Schadensersatz klagen können, wenn sie eben durch Zusteckung eines falschen Hundertmarkscheins zu dem Geschlechtsverkehr bestimmt wurde. Auch der Mißbrauch „eines Abhängigkeitsverhältnisses" ist reichlich unbestimmt.

3. Verstoß gegen die guten Sitten. Also wiederum ohne Verletzung eines Rechtsguts oder eines Schutzgesetzes. Denn sonst greift bereits Nr. 1 und 2 Platz. Durch die Bestimmung des § 826 sollen nicht erst verbotene, sondern schon illoyale Handlungen getroffen werden, Handlungen, deren Vornahme dem Anstandsgefühl zuwiderläuft. Z. B. Jemand nimmt wissentlich einen zahlungsunfähigen Mann an, welcher den Handwerkern und Arbeitern gegenüber als Bauunternehmer zu fungiren hat und sie schließlich nicht bezahlen kann, oder der Geschäftsreisende einer Firma etablirt sich mit ähnlicher Firma, um die Kundschaft des alten Geschäfts seinem Geschäft zuzuführen rc.[2]) Auch die chikanöse Handlungsweise (§ 226) gehört hierher. Vor allen Dingen aber umfaßt der Verstoß gegen die guten Sitten auch das Gebiet der actio doli, soweit dasselbe nicht schon unter Nr. 2 fällt.

Nach diesen Ausführungen ist es also nicht zulässig, den Rechtskreis des Einzelnen als in § 823 Abs. 1 abgegrenzt zu betrachten, so daß in den §§ 823 Abs. 2—826 nur die Wege angegeben wären, auf denen eine Verletzung des solchergestalt abgegrenzten Rechtskreises herbeigeführt werden könnte. Vielmehr dienen die

---

[1]) Vergl. § 181 Nr. 1 und 223a des StGB.

[2]) Vergl. namentlich das Gesetz, betreffend den unlautern Wettbewerb vom 27. Mai 1896.

§§ 823—826 gemeinsam der Abgrenzung der Rechtssphäre des Einzelnen.

II. Die Voraussetzungen der Schadensersatzobligation sind folgende:

1. Widerrechtlichkeit der Schadenszufügung. Sie liegt vor, wenn der sub I. Nr. 1—3 angegebene Rechtskreis verletzt wird, ohne daß ein Recht zu der Verletzung vorhanden war. Ein solches Recht zur Vornahme der Verletzung kann z. B. durch Vertrag mit dem Eigenthümer des verletzten Vermögensstücks begründet sein, es kann im öffentlichen Recht wurzeln, z. B. Tödtung von krankem Vieh, in der Nothwehr (§ 227), dem Nothstand (§ 228)[1]) oder im Selbsthülferecht (§ 229).

2. Verschulden des Verletzers, also Vorsatz oder Fahrlässigkeit desselben. Letztere liegt schon dann vor, wenn Jemand sich durch geistige Getränke, Haschischrauchen oder ähnliche Betäubungsmitel in einen die freie Willensbestimmung ausschließenden Zustand versetzte (§ 827 Satz 2). Andererseits verpflichtet die Verletzung eines Schutzgesetzes nicht jeden fahrlässig Handelnden, sondern nur den zum Schadensersatz, welcher die durch das Schutzgesetz gerade verlangte Sorgfalt verletzte. Da also z. B. nur die vorsätzliche Verletzung des Briefgeheimnisses verboten ist, so wird der nur fahrlässig das Briefgeheimniß Verletzende nicht schadensersatzpflichtig. Auch bei Verletzung durch illoyale Handlungen genügt zur Begründung einer Schadensersatzpflicht das Verschulden des Thäters nicht, es wird vorsätzliche Schadenszufügung gefordert. Der Beschädiger ist also noch keineswegs schadensersatzpflichtig, wenn er absichtlich gegen die guten Sitten verstieß und dadurch Schaden verursachte, sondern er muß zugleich den Eintritt von Schaden als Folge seiner Handlungsweise vorausgesehen haben. Das Vorhandensein von Verschulden muß natürlich der Kläger beweisen. Doch ist das Verschuldungsprinzip insofern abgeschwächt, als dem Beklagten in einer Anzahl von Fällen der Beweis des Nichtverschuldens aufgelegt ist (§§ 827 a. E.. 831 Abs. 1 Satz 2, 832 Satz 2, 834 Satz 2, 836 Abs. 1 Satz, 837, 838).

Aus dem Standpunkt des Verschuldungsprinzips würde sich ferner ergeben, daß die Kinder, ferner Minderjährige bis zum vollendeten 18. Jahre oder Taubstumme, bei Beiden vorausgesetzt, daß sie die

[1]) Vergl. jedoch § 904. (Nothhülfe.)

zur Erkenntniß der Verantwortlichkeit erforderliche Einsicht nicht besaßen, endlich Geisteskranke und solche Personen, die ohne Verschulden in einen Zustand der Unzurechnungsfähigkeit geriethen, für den in solcher Verfassung angerichteten Schaden nicht haften. Doch setzt das Gesetz (§§ 827 und 829) ähnlich wie das preußische ALR. (§§ 41 und 44 I. 6) aus Billigkeitsrücksicht eine subsidiäre — soweit der Schadensersatz von einem aufsichtspflichtigen Dritten nicht erlangt werden kann — und beschränkte Haftpflicht fest. Beschränkt insofern, als das zum standesgemäßen Unterhalt des Thäters oder zur Erfüllung seiner gesetzlichen Alimentationspflichten nöthige Vermögen unter allen Umständen frei bleiben muß und auch im Uebrigen bei der richterlichen Zuerkennung eines Schadensersatzanspruchs und der Festsetzung seines Umfanges auf die die That begleitenden Umstände und die Verhältnisse der Betheiligten[1]) Rücksicht zu nehmen ist. Subsidiär, gleich den Kindern haften übrigens bei fahrlässiger Schadenszufügung durch Verletzung der Amtspflicht auch die Beamten. Denn ihre Haftung tritt nur ein, wenn der Beschädigte auf andere Weise, d. h. von anderen Schadensersatzpflichtigen keinen Ersatz verlangen kann.[2])

3. Ein Schaden. Bei Schadenszufügungen durch Beamte gilt er als gar nicht eingetreten, wenn der Verletzte es fahrlässig unterließ, den Schaden durch Gebrauch eines Rechtsmittels abzuwehren (§ 839 Abs. 3). Der Schaden muß regelmäßig ein Vermögensschaden sein, sei er damnum emergens oder lucrum cessans. Bei Verletzungen einer Person umfaßt er außer den Heil- und Kurkosten auch die Nachtheile, welche die beschädigende Handlung durch Steigerung der Bedürfnisse des Verletzten weiter für Erwerb oder Fortkommen desselben z. B. bei Frauenzimmern durch Vereitelung der Verheirathung, sowie seiner Erwerbsfähigkeit herbeiführt. Daß bei Tödtungen der Todschläger auch die Begräbnißkosten zu tragen hat, stimmt mit § 98 I. 6 des ALR. überein.[3])

Ausnahmsweise, bei Verletzung von Körper, Gesundheit oder Freiheit, bei strafbarer oder durch Hinterlist, Drohung 2c. herbeigeführter Beischlafsvollziehung mit einer Frauensperson (§ 847)

---

[1]) Reichthum des Thäters und Armuth des Beschädigten oder umgekehrt.

[2]) Eingreifende Abweichungen vom Verschuldungsprinzip sind für die Civilprozeßnovelle beabsichtigt (§§ 95 Abs. 2, 274 Abs. 4, 655 Abs. 2 und 822a der CPO.

[3]) Vergl. Seuffert Archiv Bd. 15 Nr. 225.

genügt das Verursachen eines nicht vermögensrechtlichen Schadens, z. B. Defloration, Entstellung, Schmerzen, Ekel, Kummer ꝛc. Thatsächlich wird es in diesen Fällen darauf hinauskommen, daß der Richter nach freiem Ermessen eine billige Entschädigung zuspricht, ohne sich eingehender auf die Prüfung einzulassen, ob wirklich ein Schaden entstanden ist. Das bringt schon die freie Beweiswürdigung mit sich.

4. Kausalzusammenhang zwischen dem Schaden und der Handlung. Wo kein Kausalzusammenhang, da auch keine Schadensersatzpflicht. Der Schaden muß durch die imputable Handlung verursacht sein. Daß Einer allein die schädigende Handlung beging, ist natürlich nicht erforderlich. Sondern wenn Mehrere, sei es als Thäter, Anstifter oder Gehülfen zur Zufügung eines Schadens „durch unerlaubte Handlung", d. h. durch widerrechtlichen, fahrlässigen oder vorsätzlichen Eingriff in einen fremden Rechtskreis mitgewirkt, ihn gemeinschaftlich verursacht haben,[1]) so hat die Thätigkeit eines Jeden den Schaden mit verursacht und deswegen haftet Jeder aufs Ganze (§ 830 Abs. 1 Satz 1). Haben also z. B. Mehrere gemeinschaftlich ohne Anwendung der nöthigen Vorsicht eine Hauswand untergraben und die Wand schlägt bei ihrem Fall einen Vorübergehenden zum Krüppel, so haftet Jeder, der bei dem Abgraben der Wand betheiligt war. Hier hat in der That erst die zusammenwirkende Thätigkeit sämmtlicher Betheiligter den Fall der Wand und die Körperverletzung verursacht. Ebenso, wenn Mehrere auf einen Andern losgestochen und ihm Wunden beigebracht haben, von welchen keine einzige für sich allein tödtlich war, die jedoch in ihrer Gesammtheit den Tod des Menschen herbeiführten.

Aber es ist auch möglich, daß von Mehreren gemeinschaftlich unerlaubte Handlungen[2]) begangen wurden und der Schaden doch nur durch die Thätigkeit des einen Betheiligten verursacht wurde. Z. B. Mehrere stechen auf einen Menschen gemeinschaftlich los, aber nur ein Stich ist tödtlich, die andern sind gänzlich ungefährlich. Hier sollte für den durch den Tod des Menschen hervorgerufenen Schaden nach dem Kausalitätsprinzip nur der haften, welcher den tödtlichen Stich führte. Jedoch im Anschluß an das bestehende

[1]) Vergl. Nr. I, 1—3.

[2]) Das Gesetz spricht von Schadensverursachung durch eine gemeinschaftlich begangene Handlung, es meint aber auch Schadenszufügung durch gemeinschaftlich begangene Handlungen.

Recht[1]) läßt das BGB. auch hier Gesammthaftung eintreten, wenn sich nicht ermitteln läßt, wer von mehreren Betheiligten den Schaden durch seine Handlung verursacht hat (§ 830 Abs. 1 Satz 2).

Uebrigens muß im einzelnen Fall genau geprüft werden, ob überhaupt Betheiligung an unerlaubter und zugleich schadenbringender Handlung vorliegt. Kann man von ihr z. B. bei einer Schlägerei, bei welcher ein Mensch zum Tode kam, in dem Sinne sprechen, daß jeder bei der Schlägerei Thätige als Beiheiligter anzusehen ist? M. E. nicht. Bei der Schlägerei ist zwar jeder den Prügel Schwingende betheiligt, aber nicht bei der Thätigkeit, welche den Tod des Menschen verursacht. Nur diese letztere bildet aber bei Beurtheilung der durch den Tod des Menschen begründeten Schadensersatzpflicht die unerlaubte Handlung. Folglich haften auch nur diejenigen solidarisch, denen nachgewiesen werden kann, daß sie auf den Getödteten mit losgeprügelt haben. Das Urtheil des Reichsgerichts (Entsch. Bd. I S. 89 ist auch noch nach dem BGB. zutreffend.

5. Die Schadensklage ist bei Vermögensschaden auf Ersatz des gesammten Interesses, sonst auf eine billige Geldentschädigung gerichtet. Der Standpunkt des preußischen Rechts, nach welchem der Umfang des Ersatzes sich nach dem Grade des vom Beschädiger begangenen Versehens abstuft, ist mit Recht aufgegeben. Bei Tödtung, Verletzung des Körpers oder der Gesundheit soll der Vermögensschaden in Gestalt einer Geldrente ersetzt werden. Doch kann auch Kapitalabfindung aus wichtigen Gründen, z. B. wegen Unsicherheit des Ersatzpflichtigen, gefordert werden (§§ 843, 844 und 845). Handelt es sich um einen durch Entziehung einer Sache verursachten Schaden, so ist zunächst auf Wiederherstellung des vor der Schadenszufügung gewesenen Zustandes, also namentlich auf Rückerstattung zu klagen und nur insoweit diese Wiederherstellung nicht möglich oder zur Entschädigung nicht genügend ist, geht die Klage auf Geld nebst Zinsen vom Tage der Schadenszufügung an (§ 849). Daß der zur Rückgabe der entzogenen Sache verpflichtete Delinquent auch für den Zufall haftet, soweit der Zufall die Sache nicht auch ohne die Entziehung betroffen haben würde, ist selbstverständlich (§ 848).

Da die Schadensklage keinerlei deliktischen Charakter mehr hat, so ist sie aktiv und passiv vererblich. Nur der Anspruch auf billige Geldentschädigung wegen eines anderen, als eines Vermögensschadens hat

---

[1]) l. 11 § 2 und § 4 D. de lege Aquilia 9. 2.

mehr den Charakter persönlicher Genugthuung. Er ist deshalb nur dann cessibel und aktiv vererblich, wenn er durch Vertrag anerkannt, oder bereits rechtshängig geworden ist (§ 847 Abs. 1 Satz 2).

Die Frage nach der Person des Beschädigten wird je nach Lage des Falles verschieden zu beantworten sein. Wird z. B. dem Besitzer einer Sache der Besitz entzogen, so kann er auf Wiedereinräumung des Besitzes klagen oder auf Ersatz des ihm durch die Entziehung des Besitzes verursachten Schadens. Hat aber der Delinquent die Sache zerstört oder verschlechtert, so kann den Werthersatz nicht der frühere Besitzer sondern nur der Eigenthümer verlangen. Doch befreit sich der Delinquent durch Zahlung des Werthersatzes an den geschädigten Besitzer, wenn er diesen ohne grobe Fahrlässigkeit für den Eigenthümer hielt (§ 851).

Bei Tödtungen andererseits ist wegen des Ersatzanspruchs nicht immer der Erbe des Getödteten als Beschädigter anzusehen, sondern derjenige, welchem die Pflicht zum Begräbniß des Getödteten obliegt,[1] hinsichtlich der Begräbnißkosten; derjenige, dessen gesetzliche Alimentationsberechtigung durch die Tödtung des Alimentationspflichtigen zerstört wurde, hinsichtlich der hierfür zu zahlenden Geldrente oder Kapitalabfindung; derjenige, welchem gegen den Getödteten eine gesetzliche Berechtigung auf Dienstleistung in Haus oder Gewerbe zustand,[2] hinsichtlich der hierfür zu leistenden Entschädigung (§ 844 und 845); beziehentlich die Erben dieser Berechtigten.

Schadensersatzansprüche solcher Personen, welche durch eine Reflexwirkung der beschädigenden Handlung entstanden sind, erkennt das BGB. nicht an. Unter Reflexwirkung verstehe ich aber mit Jhering die durch besondere Verhältnisse bedingte und ausschließlich durch sie herbeigeführte nachtheilige Folge einer in der Person des Einen — nach der Terminologie des BGB. „des Andern“ — eingetretenen Thatsache für eine dritte Person. Wenn also z. B. Jemand einen Andern tödtete, welcher verlobt war, so ist die Braut desselben, weil ihr nun eine vortheilhafte Heirath entging, nicht ersatzberechtigt. Ebenso wenn der

---

[1]) Trotz § 1868 kann auch ein Anderer, z. B. durch Vertrag mit dem Getödteten, die Verpflichtung übernommen haben.

[2]) Derselbe hat seinen Entschädigungsanspruch nicht nur im Fall der Tödtung des Dienstpflichtigen, sondern auch bei Körper- oder Gesundheitsverletzung sowie Freiheitsentziehung desselben.

Getödtete beabsichtigte, eine dritte Person in seinem Testament vortheilhaft zu bedenken, oder sie an Kindesstatt anzunehmen und durch seinen Tod an der Ausführung seiner Absicht verhindert wurde 2c. Ausnahmen erhalten nur die entwähnten §§ 844 und 845 BGB.[1])

Passiv legitimirt sind der Beschädiger oder seine Erben. Haben Mehrere gemeinschaftlich die Beschädigung ausgeführt, oder sind neben den Thätern noch Andere für den Schaden verantwortlich,[2]) so ist Jeder von ihnen auf's Ganze passiv legitimirt. Dabei kann jedoch dem wegen Tödtung oder Verletzung eines Andern klagenden Dritten der Einwand eigenen Verschuldens des Verletzten gemäß § 254 BGB. und dem wegen Entziehung einer Sache Klagenden der Einwand gemachter Verwendungen vom Beklagten entgegengesetzt werden (§§ 846 und 850), letzteren Falls vorausgesetzt, daß die Sache nicht durch vorsätzlich begangene unerlaubte Handlung erlangt wurde (§ 1000 letzter Satz). Auf Befreiung von Verbindlichkeiten, die der Beklagte zum Zweck von Verwendungen einging, kann derselbe Widerklage erheben (§ 257). Da die Schadensersatzpflicht aus außerkontraktlichem Verschulden die Delictsnatur verloren hat, so hat bei gemeinschaftlicher Beschädigung derjenige Thäter, welcher den ganzen Schaden zahlte, gesetzliche Regreßansprüche gegen seine Mitthäter.[3])

Die Schadensklage verjährt in drei Jahren, laufend vom Tage der erlangten Kenntniß des Schadens und der Person des Ersatzpflichtigen. Doch ist die Klage auch ohne diese Kenntniß verjährt, wenn 30 Jahre seit Begehung der unerlaubten Handlung verstrichen sind (§ 852 Abs. 1).[4])

Daß die Schadensklage durch das Vorhandensein eines Schuldverhältnisses zwischen dem Beschädiger und dem Beschädigten ausgeschlossen werde, — etwa der Depositar tödtete das bei ihm deponirte Pferd des Deponenten, — wird heute ebensowenig zutreffend sein, als früher.

§ 15. Ausdehnung der Schadensersatzpflicht.

Das BGB. hat bei seiner Gestaltung einer allgemeinen Schadensklage den Fall vorzugsweise im Auge, daß der Schaden durch eigene

---

[1]) Uebrigens wird die Frage, ob es sich um bloße Reflexwirkung handelt oder nicht, bei Anwendung des Gesetzes Schwierigkeiten verursachen.

[2]) §§ 831 und 832.

[3]) § 426. Vergl. jedoch § 840 Abs. 2 und 3 und § 841.

[4]) Ebenso §§ 54 und 55 I. 6 des ALR.

Handlungen des Haftpflichtigen hervorgerufen wurde. Daneben wird nun aber auch Haftpflicht für den durch fremde Handlungen, durch Thiere, ja sogar durch leblose Gegenstände verursachten Schaden aufgestellt.[1])

1. Haftpflicht für fremde Handlungen.

a) Der Geschäftsherr haftet für den durch seine Angestellten in Ausübung ihrer Funktionen widerrechtlich verursachten Schaden, er müßte denn nachweisen können, daß ihn weder culpa in eligendo, noch Nachlässigkeit in der Beschaffung der zur Ausübung der Funktionen nothwendigen Vorrichtungen und Geräthschaften, wenn ihm deren Beschaffung oblag, noch in der Leitung der Ausführung, wenn ihm die Leitung zustand, treffe, oder daß der Schaden aller Sorgfalt ungeachtet entstanden sein würde.[2]) Hat an Stelle des Geschäftsherrn durch Vertrag mit diesem ein Anderer die Anstellung der Arbeiter, die Beschaffung der Vorrichtungen und Geräthschaften oder die Leitung des Unternehmens übernommen, so haftet auch der Andere. Seine Haftung und diejenige des Geschäftsherrn ist Gesammthaftung. Denn der Geschäftsherr kann natürlich nicht durch Vertrag mit einer andern Person seine gesetzliche Haftpflicht abstreifen (§ 831).

b) Wem gesetzlich als Vater oder Mutter, Vormund oder Pfleger (§§ 1631, 1686, 1800, 1897, 1915) Lehrer, Meister 2c. die Beaufsichtigung Minderjähriger oder geistig oder körperlich kranker Personen obliegt, der haftet für den durch sie verursachten Schaden, wenn ihm nicht der Nachweis gehöriger Aufsicht oder der Unabwendbarkeit des Schadens trotz aller Aufsicht gelingt. Wer dem Haftpflichtigen durch Vertrag die Aufsicht abgenommen hat, der haftet mit ihm als Gesammtschuldner (§ 832).

2. Haftpflicht für Thiere.

a) Wer ein Thier hält, — als Eigenthümer, Miether oder Pächter 2c. — haftet unbedingt für den durch dasselbe verursachten Personen- oder Sachschaden. Ob es sich um ein Hausthier oder ein wildes Thier, um einen Vierfüßler oder einen Zweifüßler handelt, ist ganz gleichgültig (§ 833). Halten Mehrere gemeinschaftlich ein Thier,

---

[1]) Die einzelnen Fälle gehören zum Theil in das Gebiet der sog. Gefährdungshaftung. So M. Rümelin: Die Gründe der Schadenszurechnung und die Stellung des deutschen bürgerl. Gesetzbuches zur objektiven Schadensersatzpflicht, Freiburg i. B. 1896. S. 45 und S. 75 ff.

[2]) Abschwächung des Verschuldungsprinzips; ebenso unter b.

z. B. Miteigenthümer, so haften sie als Gesammtschuldner. Ebenso der Thierhalter und Derjenige, welcher durch Vertrag, z. B. als Pferdeknecht, Viehmagd die Führung der Aufsicht über das Thier für ihn übernommen hat. Letzterer kann sich jedoch durch den Nachweis befreien, daß er die im Verkehr erforderliche Sorgfalt aufgewendet habe, oder auch durch Anwendung dieser Sorgfalt den Schaden nicht verhüten konnte (§ 834). Die Unterschiede zwischen actio de pauperie und de pastu sowie das Recht der noxae datio sind also beseitigt.

b) Haftung für Wildschaden. Das Gesetz versteht unter Wildschaden die durch Schwarz-, Roth-, Elch-, Dam- oder Rehwild oder durch Fasanen verursachte Beschädigung von (Feld-, Forst-, Garten-, Gebäude- oder sonstigen) Grundstücken,[1]) oder von abgetrennten, aber noch nicht eingeernteten Erzeugnissen solcher Grundstücke. Schadensersatzberechtigt ist „der Verletzte", also nach Lage des Falles der Eigenthümer des Grundstücks, oder der Fruchtziehungsberechtigte (Pächter, Nießbraucher 2c.) Dabei wird jedoch vorausgesetzt, daß dem Eigenthümer des Grundstücks, welches verletzt, oder auf welchem Frucht beschädigt wurde, das Jagdrecht auf dem Grundstück fehlt. Denn sonst kann er sich selbst durch Abschuß 2c. schützen und bedarf also keines Ersatzanspruchs. Werden aber dem Pächter oder Nießbraucher eines solchen Grundstücks Früchte zerstört, so ist der Grundstückseigenthümer nur dann ersatzpflichtig, wenn ihm der Vertrag mit Pächter oder Nießbraucher die Ersatzpflicht auferlegt, oder dieselbe aus § 823 folgt. Ersatzpflichtig ist a) der auf dem fremden, beschädigten Grundstück Jagdberechtigte[2]) oder, falls dem jagdberechtigten Eigenthümer die Ausübung des Jagdrechts gesetzlich entzogen ist, der gesetzlich Jagdausübungsberechtigte; (§ 835 Abs. 1 Satz 1 und Abs. 2 Satz 1), b) bei Grundstücken, auf denen wegen ihrer Lage das Jagdrecht nur gemeinschaftlich mit dem Jagdrecht auf anderen Grundstücken ausgeübt werden darf, der Eigenthümer dieser anderen Grundstücke, wenn er das Jagdrecht auf den beschädigten Grundstücken gepachtet hatte (§ 835 Abs. 2 Satz 2); c) bei gesetzlicher Vereinigung der Grundstückseigenthümer eines Bezirks zu einem die gemeinschaftliche Ausübung des Jagdrechts bezweckenden Personenverein jedes Mitglied

---

[1]) Z. B. durch Abfressen, Zertreten stehender Früchte, durch Beschädigung von Baumschonungen 2c.

[2]) Ist dem preußischen Recht fremd, welches keine Jagdgerechtigkeiten anerkennt. Gesetz v. 31. X. 1848 und v. I. III. 1873.

nach Verhältniß der Größe seiner Grundstücke (§ 835 Abs. 3). Auf Verschulden kommt es nicht an. Der Jagdberechtigte oder Jagdausübungsberechtigte haftet, weil er durch Hegung des Wildes und durch den Ausschluß Anderer von der Jagd die Grundstücke gefährdet.

Daß die Verpflichtung zum Ersatz des Wildschadens durch eigenes Verschulden des Verletzten modifizirt wird, indem derselbe etwa die Feldfrüchte über die Erntezeit hinaus auf dem Felde ließ, ist selbstverständlich (§ 254).[1])

3. Haftpflicht für Schaden durch Gebäude und ähnliche Werke. Das BGB. beseitigt die cautio damni infecti und ersetzt sie durch die Vorschrift, daß für jeden durch gänzlichen oder theilweisen Einsturz eines Gebäudes oder ähnlichen Werkes (Mauer, Turngerüst 2c.) oder durch Ablösung von Theilen desselben in Folge mangelhafter Errichtung oder Unterhaltung verursachten Personen- oder Sachschaden der Grundstücksbesitzer haftet, Besitzer ist hier Eigenbesitzer,[2]) daß er das Gebäude 2c. selbst errichtete, wird nicht verlangt. Doch wird selbstverständlich durch seine Haftung die Haftung des Baumeisters gemäß § 823 nicht ausgeschlossen. Wohl aber schließt der Eigenbesitzer seine eigene Haftpflicht durch den Nachweis aus, daß er die zur Abwendung der Gefahr im Verkehr erforderliche Sorgfalt beobachtet habe. Und gerade weil diese Möglichkeit, die Haftung auszuschließen, beabsichtigt war, so erklärt es sich, daß die Haftpflicht dem Besitzer, nicht dem Eigenthümer auferlegt ist. Denn nur der Besitzer ist im Stande, sich über den Zustand des Gebäudes zu unterrichten und die erforderlichen Abwehrmaßregeln zu treffen. Er haftet wegen culpa in non faciendo. Das Gesetz legt also dem Eigenbesitzer als solchem die Verpflichtung zur Instandhaltung der in seinem Besitz befindlichen Gebäude oder ähnlichen Werke auf. Ihre Erfüllung kann zwar nicht durch Klage erzwungen werden, aber ihre Vernachlässigung macht schadensersatzpflichtig. Durch Aufgeben des Besitzes kann sich der Besitzer nicht von der Haftpflicht befreien. Vielmehr haftet er noch für allen innerhalb Jahresfrist seit der Besitzaufgabe durch Einsturz 2c. eintretenden Schaden. Doch schließt er auch diese Haftpflicht durch den Nachweis aus, daß wohl er selbst während seiner Besitzzeit, nicht aber der

---

[1]) Vergl. im Uebrigen Art. 69—72 des Einf.-G. zum BGB.

[2]) §§ 836 Abs. 3 und 872.

spätere Besitzer die zur Abwendung der Gefahr im Verkehr erforderliche Sorgfalt prästirt habe. Wenn also der Eigenbesitzer den Besitz des Grundstücks derelinquirte und das Grundstück in Niemandes Besitz kam, so haftet der Derelinquent noch ein Jahr lang wie vor Aufgabe des Besitzes.

An Stelle der Haftung des Eigenbesitzers des Grundstücks, mit welchem das gefahrdrohende Gebäude oder Werk verbunden ist, steht übrigens stets die Haftung dessen, der auf dem Grundstück, ohne Eigenthümer desselben zu sein, rechtmäßig das Gebäude ꝛc. (als Erbbau-, Servituten-, Ueberbau-Berechtigter, Pächter ꝛc.) besitzt (§§ 83 f. und § 95).[1]) Doch darf er nicht zur Unterhaltung des Gebäudes ꝛc. als Nutzungsberechtigter oder kraft Vertrags verpflichtet sein. Denn wer dies ist, der haftet, einerlei ob er das Gebäude ꝛc. besitzt, oder ob dies nicht der Fall ist, nicht an Stelle des Eigenbesitzers, sondern neben ihm (§ 838).

[1]) Vergl. darüber Eck: Vortrag S. 27.

Druck von A. W. Hayn's Erben

MIX
Papier | Fördert gute Waldnutzung
FSC® C083411

Kolibri 360 GmbH
Ferdinand-Jühlke-Straße 7
99095 Erfurt, Deutschland
produktsicherheit@kolibri360.de